D1702043

LA FONTAINE

LA RENAISSANCE DU LIVRE

Constantin Sunnerberg, dit **Cost.**, est né à Moscou en 1970. Après des études
à La Cambre (Bruxelles) dans la section Communication Graphique, il se lance
en 1998 dans le dessin de presse. Ses dessins sont rapidement publiés
dans de nombreux journaux : *Le Monde, Internazionale, Independant on Sunday,
World Parliamentarian, L'Hebdo de Genève, Le Soir, Espace de liberté,
Le Journal du Mardi*, etc. Les dessins d'audience du procès Rwanda (2001),
parus dans *Le Soir*, se trouvent au Musée d'Histoire Contemporaine à Paris.
Depuis 2004, **Cost.** réalise des reportages illustrés pour le *Courrier International*
dans différentes villes de France (Lille, Marseille, Grenoble, Rouen, etc.).

En dehors du dessin de presse, **Cost.** illustre également des affiches,
des couvertures de livres et de manuels scolaires, des livres pour enfants,
etc. Il a obtenu le Deuxième Prix au Press Cartoon Belgium en 2002 et 2004,
et le Grand Prix en 2005 (premier francophone à l'avoir reçu et seul à avoir
eu trois prix) ! En 2006, une grande rétrospective « Cost'Art » lui a été
consacrée à la Seed Factory à Bruxelles.

| GROUPE **LUC PIRE**

© 2007, Tournesol Conseils s.a./La Renaissance du Livre
Directeur général : Luc Pire
Quai aux Pierres de Taille, 37-39 – 1000 Bruxelles
www.larenaissancedulivre.eu

Édition : Ariane Coquelet
Maquette : Sanny Chaudy
Couverture : Aplanos

ISBN : 978-2-87415-8025
Dépôt légal : D/2007/6840/144

Droits de traduction et de reproduction réservés pour tous pays. Toute reproduction,
même partielle, de cet ouvrage est interdite. Une copie ou reproduction, par quelque
procédé que ce soit, photographie, microfilm, bande magnétique, disque ou autre,
constitue une contrefaçon passible des peines prévues par la loi du 11 mars 1957
sur la protection des droits d'auteur.

COLLECTION **Littérature illustrée**

LA FONTAINE

F A B L E S

DESSINS **COST.**

La Renaissance du Livre

SOMMAIRE

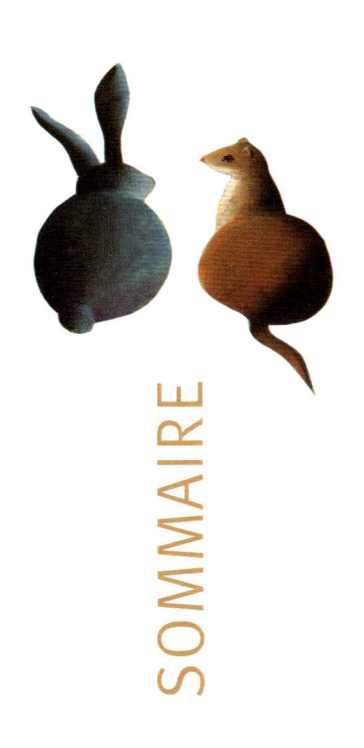

LIVRE PREMIER

La cigale et la fourmi ... 8
Le corbeau et le renard ... 10
La grenouille qui se veut faire aussi grosse que le boeuf ... 12
Le loup et le chien ... 14
Le rat de ville et le rat des champs ... 16
Le loup et l'agneau ... 18
Les voleurs et l'âne ... 20
La mort et le bûcheron ... 22
Le renard et la cigogne ... 24
Le coq et la perle ... 26
Le chêne et le roseau ... 28

LIVRE DEUXIEME

Le lion et le moucheron ... 30
Le lion et le rat ... 32
Le lièvre et les grenouilles ... 34
Le coq et le renard ... 36
Le corbeau voulant imiter l'aigle ... 38
Le paon se plaignant à Junon ... 40
La chatte métamorphosée en femme ... 44

LIVRE TROISIEME

Le renard et le bouc ... 46
Le loup et la cigogne ... 48
Le renard et les raisins ... 50
Le cygne et le cuisinier ... 52
Les loups et les brebis ... 54
Le lion devenu vieux ... 56
Le chat et un vieux rat ... 60

LIVRE QUATRIEME

Le lion amoureux ... 62
Le singe et le dauphin ... 64
Le chameau et les bâtons flottants ... 66
La grenouille et le rat ... 68
Le cheval s'étant voulu venger du cerf ... 70
Le renard et le buste ... 72
Le loup, la chèvre et le chevreau ... 74

LIVRE CINQUIEME

Le pot de terre et le pot de fer 76
Le petit poisson et le pêcheur 78
Le renard ayant la queue coupée 80
Le cheval et le loup 82
Le poule aux oeufs d'or 84
Le cerf et la vigne 86
L'aigle et le hibou 88
L'ours et les deux compagnons 90

LIVRE SIXIEME

Le vieillard et l'âne 92
Le lièvre et la tortue 94
Le cheval et l'âne 96

LIVRE SEPTIEME

Les animaux malades de la peste 98
Le héron 100
Les deux coqs 102
Le chat, la belette et le petit lapin 104

LIVRE HUITIEME

Les deux amis 106
Le rat et l'éléphant 108
L'âne et le chien 110

LIVRE NEUVIEME

Le singe et le léopard 112
Le chat et le renard 114
Le mari, la femme et le voleur 116

LIVRE DIXIEME

La tortue et les deux canards 118
Les poissons et le berger qui joue de la flûte ... 120

LIVRE DOUZIEME

Le chat et les deux moineaux 122
La forêt et le bûcheron 124
Le vieux chat et la jeune souris 126

REPÈRES BIOGRAPHIQUES

1621 Naissance à Château-Thierry, le 8 juillet, de Jean de La Fontaine, premier enfant de Charles de La Fontaine et de Françoise Pidoux.

1641 La Fontaine reste à Château-Thierry jusqu'à ses vingt ans. Ses maîtres l'initient à la pratique de la rhétorique latine. Il se passionne pour la lecture.

1646 Il fait ses études de droit à Paris où il fréquente un cercle de jeunes poètes juristes.

1647 Mariage de Jean de La Fontaine (26 ans) et Marie Héricart (14 ans). La Fontaine acceptera difficilement les liens du mariage.

1649 Il décroche son diplôme d'avocat au parlement de Paris.

1653 Naissance de son fils, Charles, mais le fabuliste n'a pas la fibre paternelle et se montrera distant.

1654 Première pièce : *l'Eunuque*, comédie adaptée de Térence.

1658 Il connaît des difficultés financières. Par ailleurs, il entre dans le cercle de Nicolas Fouquet, ministre des Finances de Louis XIV.

1659 Fouquet, qui est aussi le protecteur de Perrault, Corneille et Molière, le reçoit dans son splendide château de Vaux Le Vicomte, encore en construction, et lui accorde une pension. Il lui dédie le Songe de Vaux. C'est sans doute à cette période qu'il commence l'écriture de ses premières fables.

1661 Fouquet est arrêté sur ordre de Louis XIV. La Fontaine se retrouve alors démuni et ne peut plus subvenir à ses besoins.

1662 Publication de l'*Elégie aux nymphes de Vaux* qui implore, en vain, la clémence du roi pour son ami Fouquet. En raison de son soutien à l'ancien ministre, La Fontaine est obligé de s'exiler quelques mois à Limoges.

1665 Publication de contes et nouvelles en vers.

1668 Premier recueil de 124 fables regroupées en six livres et dédiées au Dauphin : le succès est immédiat.

1674 Il publie de nouveaux contes qui seront interdits à la vente. En effet, loin de ne se consacrer qu'aux fables, La Fontaine continue à toucher à tous les styles : contes, nouvelles, épîtres, poèmes, pièces de théâtre, etc.

1678 Publication du second recueil de fables (livres VII à XI) illustré par Chauveau et dédié à Madame de Montespan.

1684 Il est élu non sans mal à l'Académie, au fauteuil de Colbert. Dans la Querelle des Anciens et des Modernes, il prend habilement position pour les Anciens, sans pour autant s'aliéner des Modernes.

1693 Tombé gravement malade mi-décembre 1692, La Fontaine reçoit l'extrême-onction en février 1693. Pressé de revenir sur sa vie dissolue, il confesse publiquement ses fautes devant une délégation de l'Académie. Il aurait alors renié ses contes et promis de ne plus en écrire.

1694 Publication du dernier recueil des fables (livre XII). Ce livre regroupe toutes les fables publiées séparément depuis 1678 ainsi qu'une dizaine de fables inédites. Au total, il a écrit pas moins de 243 fables !

1695 La Fontaine meurt à Paris, le 13 avril, à l'âge de 74 ans.

La cigale et la fourmi

La cigale, ayant chanté tout l'été,
Se trouva fort dépourvue
Quand la bise fut venue.
Pas un seul petit morceau
De mouche ou de vermisseau.
Elle alla crier famine
Chez la fourmi sa voisine,
La priant de lui prêter
Quelque grain pour subsister
Jusqu'à la saison nouvelle.
Je vous paierai, lui dit-elle,
Avant l'Oût, foi d'animal,
Intérêt et principal.
La fourmi n'est pas prêteuse ;
C'est là son moindre défaut.
« Que faisiez-vous au temps chaud ?
Dit-elle à cette emprunteuse.
– Nuit et jour à tout venant
Je chantais, ne vous déplaise.
– Vous chantiez ? J'en suis fort aise.
Eh bien ! dansez maintenant. »

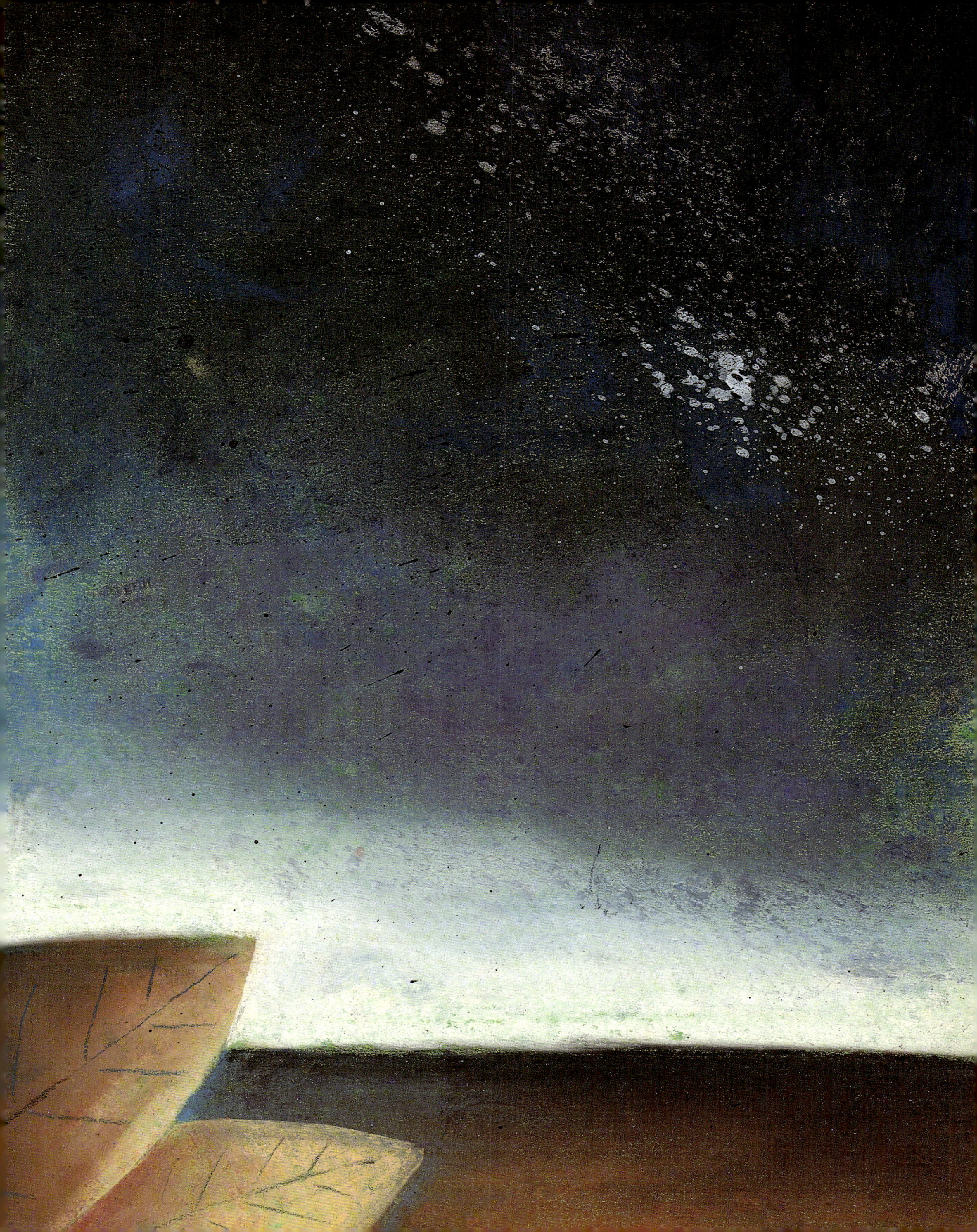

Le corbeau et le renard

Maître corbeau, sur un arbre perché,
Tenait en son bec un fromage.
Maître renard, par l'odeur alléché,
Lui tint à peu près ce langage :
Hé ! bonjour, Monsieur du Corbeau.
Que vous êtes joli ! que vous me semblez beau !
Sans mentir, si votre ramage
Se rapporte à votre plumage,
Vous êtes le phénix des hôtes de ces bois.
À ces mots, le corbeau ne se sent pas de joie ;
Et pour montrer sa belle voix,
Il ouvre un large bec, laisse tomber sa proie.
Le renard s'en saisit et dit : Mon bon Monsieur,
Apprenez que tout flatteur
Vit aux dépens de celui qui l'écoute.
Cette leçon vaut bien un fromage sans doute.
Le corbeau honteux et confus,
Jura, mais un peu tard, qu'on ne l'y prendrait plus.

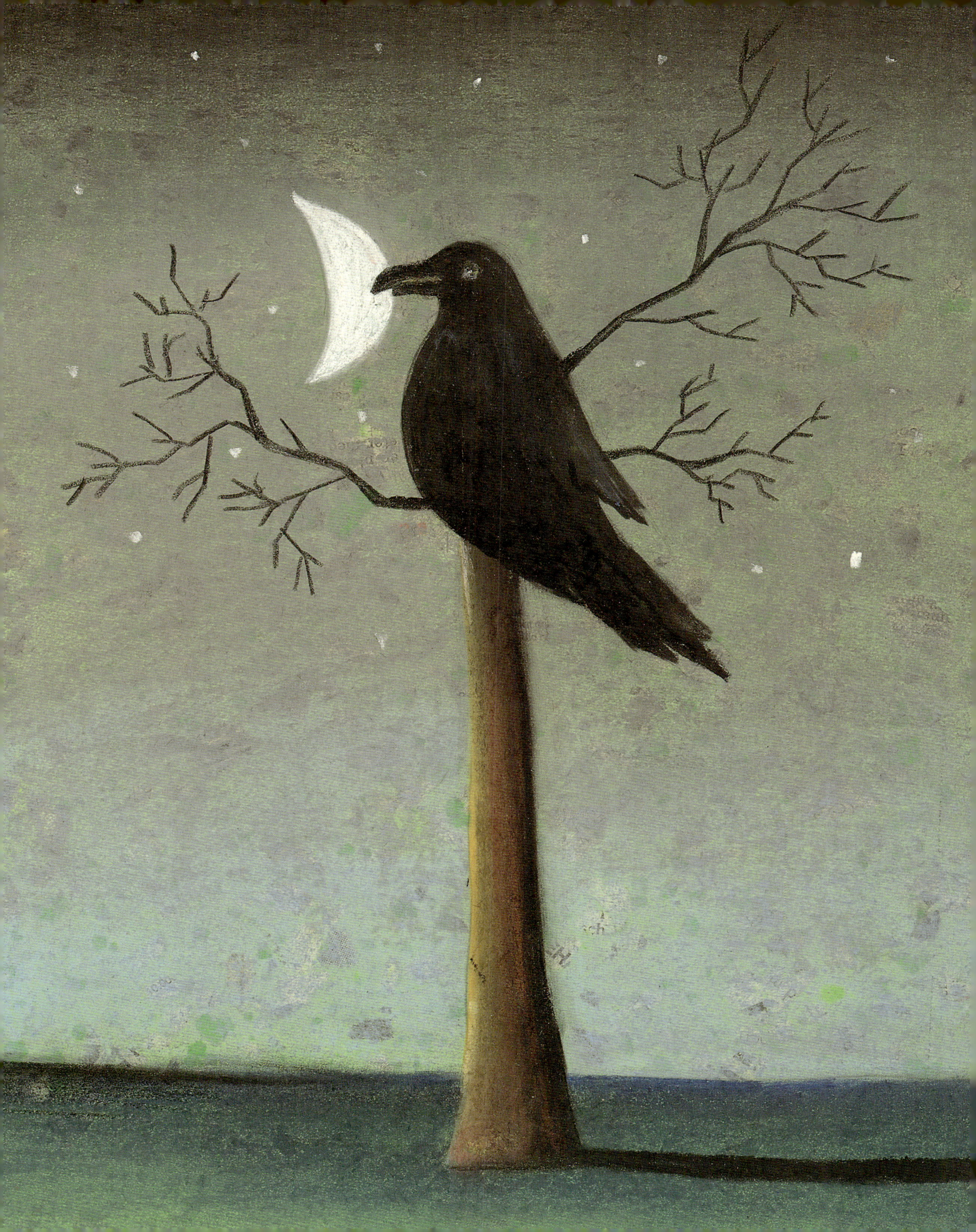

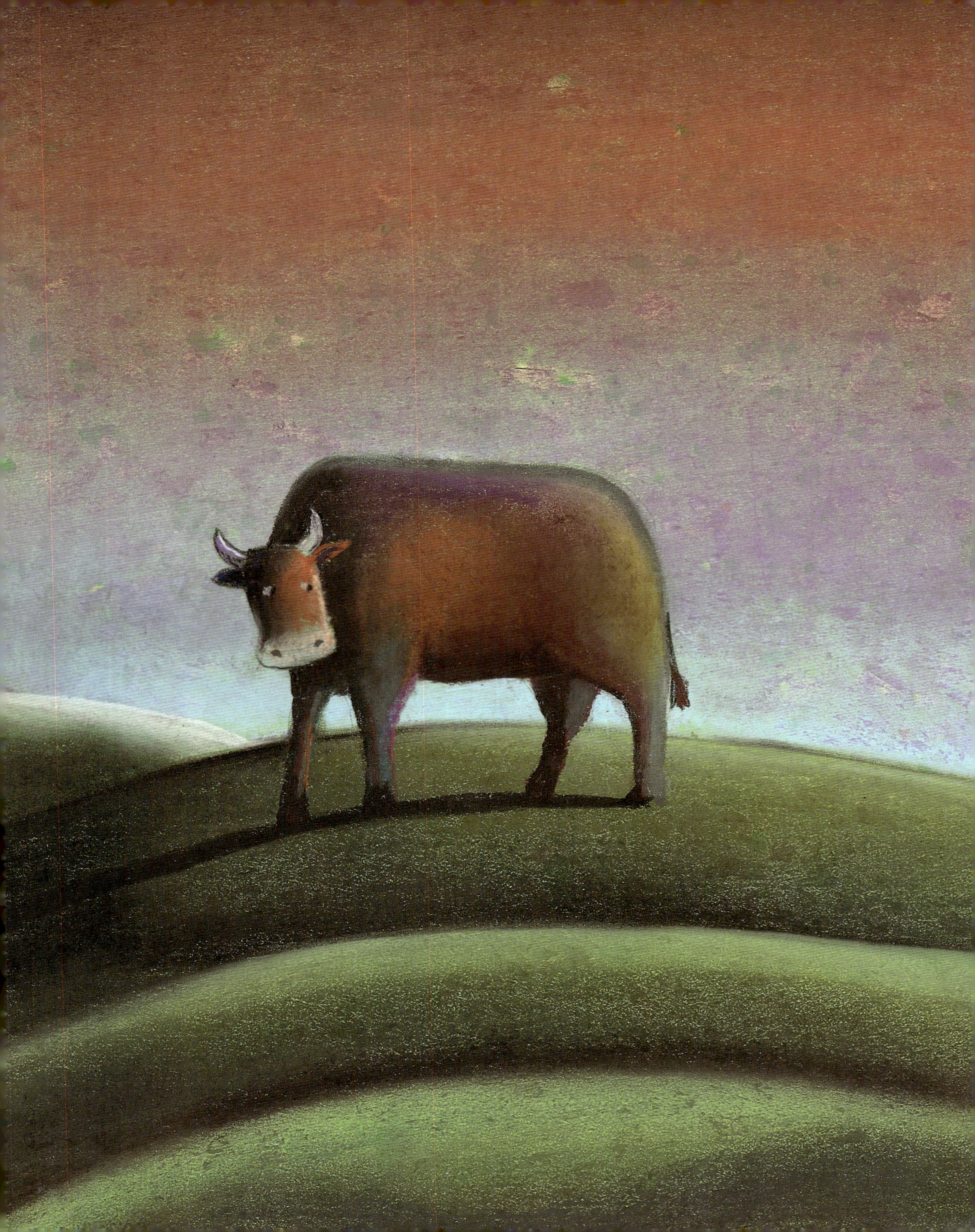

La grenouille qui se veut faire aussi grosse que le bœuf

Une grenouille vit un bœuf
Qui lui sembla de belle taille.
Elle qui n'était pas grosse en tout comme un œuf,
Envieuse, s'étend, et s'enfle, et se travaille
Pour égaler l'animal en grosseur ;
Disant : Regardez bien, ma sœur ;
Est-ce assez ? Dites-moi ; n'y suis-je point encore ?
– Nenni. – M'y voici donc ? – Point du tout ! – M'y voilà ?
– Vous n'en approchez point. La chétive pécore
S'enfla si bien qu'elle en creva.
Le monde est plein de gens qui ne sont pas plus sages :
Tout bourgeois veut bâtir comme les grands seigneurs ;
Tout petit prince a des ambassadeurs ;
Tout marquis veut avoir des pages.

Le loup et le chien

Un loup n'avait que les os et la peau ;
Tant les chiens faisaient bonne garde.
Ce loup rencontre un dogue aussi puissant que beau,
Gras, poli, qui s'était fourvoyé par mégarde.
L'attaquer, le mettre en quartiers,
Sire loup l'eût fait volontiers.
Mais il fallait livrer bataille,
Et le mâtin était de taille
À se défendre hardiment.
Le loup donc l'aborde humblement,
Entre en propos, et lui fait compliment
Sur son embonpoint, qu'il admire.
Il ne tiendra qu'à vous, beau sire,
D'être aussi gras que moi, lui repartit le chien.
Quittez les bois, vous ferez bien :
Vos pareils y sont misérables,
Cancres, haires, et pauvres diables,
Dont la condition est de mourir de faim.
Car quoi ? Rien d'assuré : point de franche lippée !
Tout à la pointe de l'épée !
Suivez-moi : vous aurez un bien meilleur destin.
Le loup reprit : Que me faudra-t-il faire ?
– Presque rien, dit le chien : donner la chasse aux gens
Portant bâtons, et mendiants ;
Flatter ceux du logis, à son maître complaire ;
Moyennant quoi votre salaire
Sera force reliefs de toutes les façons :
Os de poulets, os de pigeons :
Sans parler de mainte caresse.
Le loup déjà se forge une félicité
Qui le fait pleurer de tendresse
Chemin faisant, il vit le cou du chien pelé.
Qu'est-ce là ? lui dit-il. – Rien. – Quoi ? Rien ?
– Peu de chose.
Mais encor ? – Le collier dont je suis attaché
De ce que vous voyez est peut-être la cause.
– Attaché ? dit le loup : vous ne courez donc pas
Où vous voulez ? – Pas toujours ; mais qu'importe ?
– Il importe si bien, que de tous vos repas
Je ne veux en aucune sorte,
Et ne voudrais pas même à ce prix un trésor.
Cela dit, maître loup s'enfuit, et court encor.

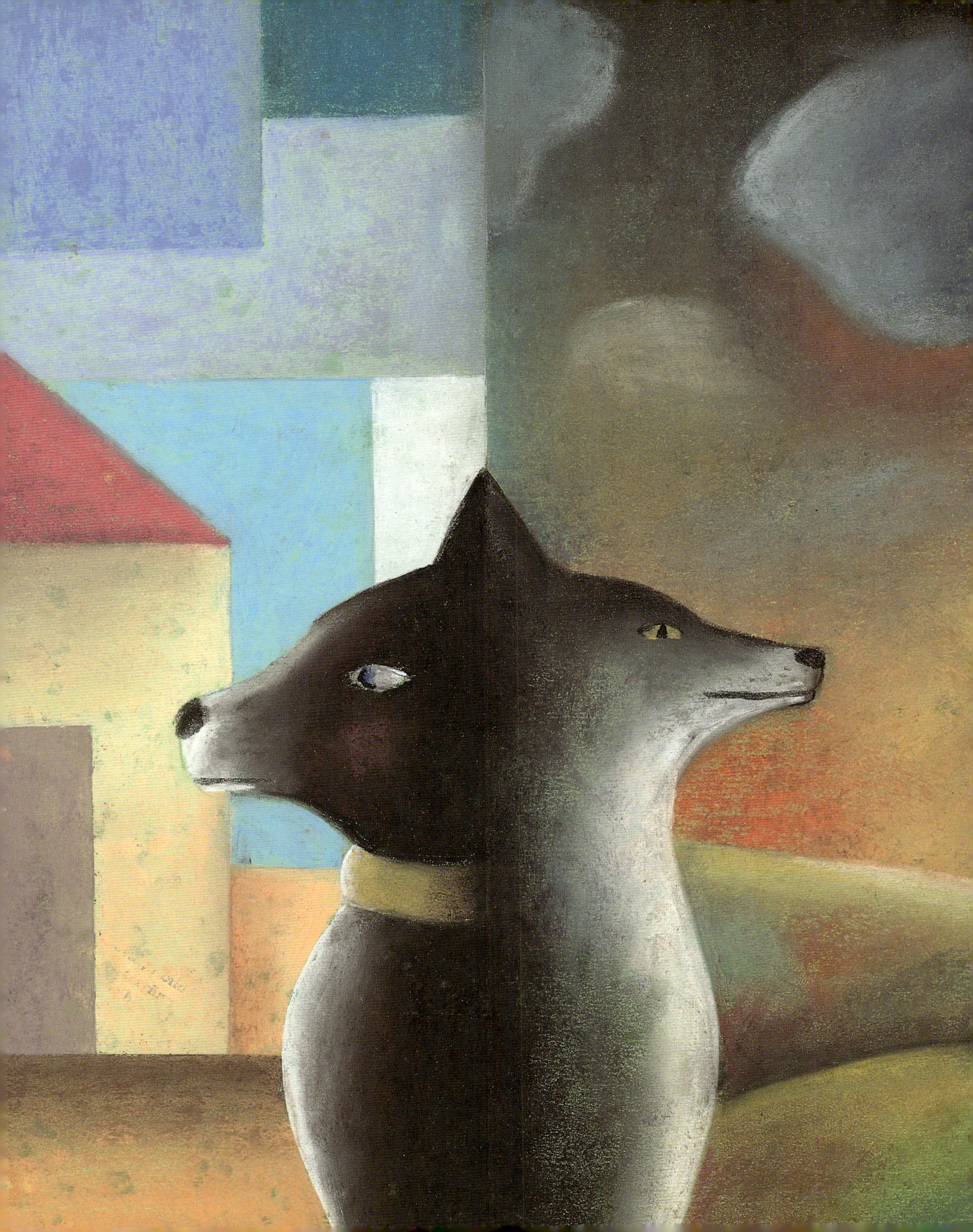

Le rat de ville et le rat des champs

Autrefois le rat de ville
Invita le rat des champs,
D'une façon fort civile,
À des reliefs d'ortolans.

Sur un tapis de Turquie
Le couvert se trouva mis.
Je laisse à penser la vie
Que firent ces deux amis.

Le régal fut fort honnête,
Rien ne manquait au festin ;
Mais quelqu'un troubla la fête
Pendant qu'ils étaient en train.

À la porte de la salle
Ils entendirent du bruit :
La rat de ville détale ;
Son camarade le suit.

Le bruit cesse, on se retire :
Rats en campagne aussitôt ;
Et le citadin de dire :
Achevons tout notre rôt.

– C'est assez, dit le rustique ;
Demain vous viendrez chez moi :
Ce n'est pas que je me pique
De tous vos festins de roi ;

Mais rien ne vient m'interrompre :
Je mange tout à loisir.
Adieu donc ; fi du plaisir
Que la crainte peut corrompre.

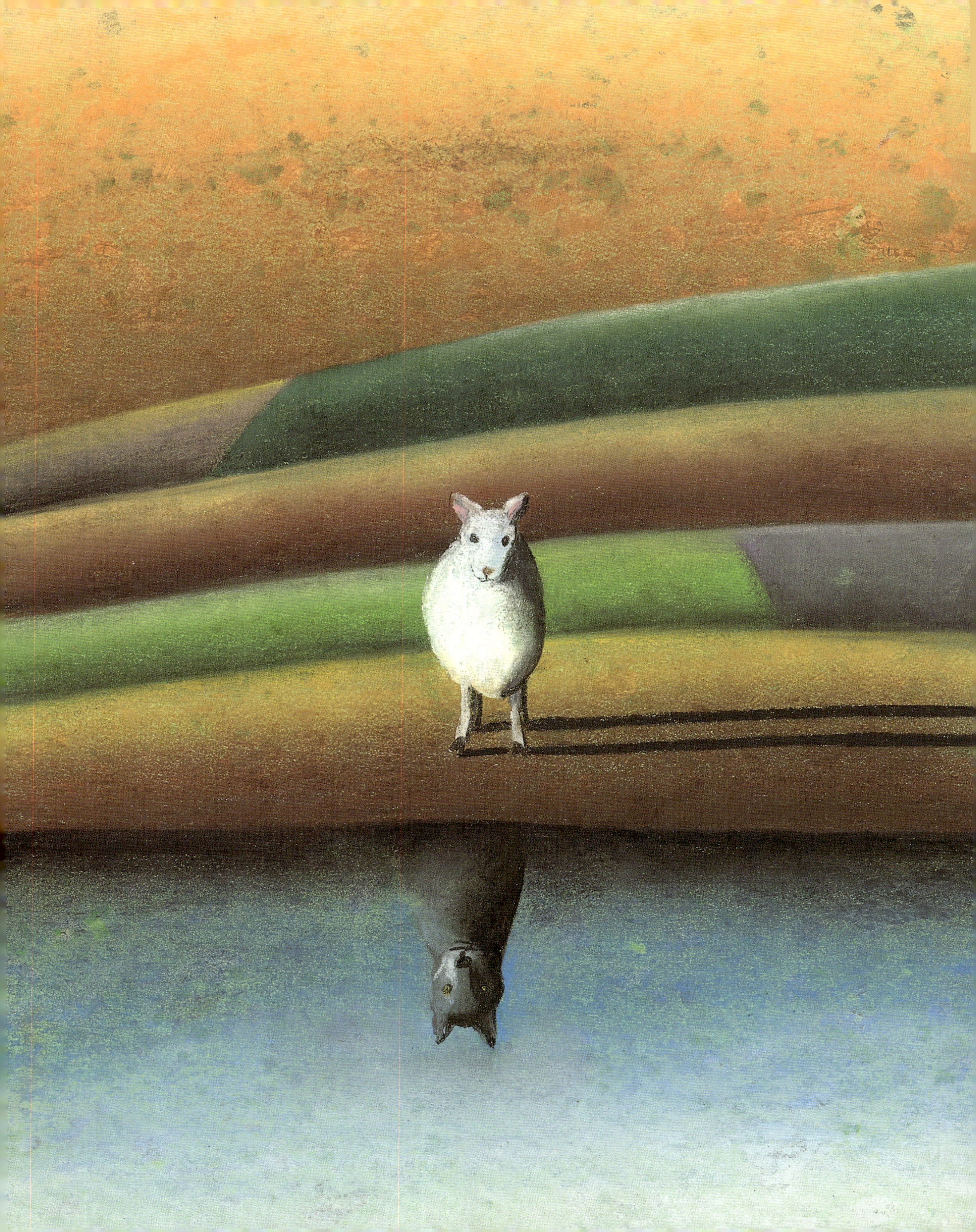

Le loup et l'agneau

La raison du plus fort est toujours la meilleure :
Nous l'allons montrer tout à l'heure.
Un agneau se désaltérait
Dans le courant d'une onde pure.
Un loup survient à jeun, qui cherchait aventure,
Et que la faim en ces lieux attirait.
Qui te rend si hardi de troubler mon breuvage ?
Dit cet animal plein de rage :
Tu seras châtié de ta témérité.
– Sire, répond l'agneau, que votre majesté
Ne se mette pas en colère ;
Mais plutôt qu'elle considère
Que je me vas désaltérant
Dans le courant,
Plus de vingt pas au-dessous d'elle,
Et que par conséquent en aucune façon
Je ne puis troubler sa boisson.
– Tu la troubles ! reprit cette bête cruelle,
Et je sais que de moi tu médis l'an passé.
– Comment l'aurais-je fait, si je n'étais pas né ?
Reprit l'agneau, je tette encor ma mère.
– Si ce n'est toi, c'est donc ton frère.
– Je n'en ai point. – C'est donc quelqu'un des tiens :
Car vous ne m'épargnez guère,
Vous, vos bergers et vos chiens.
On me l'a dit : il faut que je me venge.
Là-dessus, au fond des forêts
Le loup l'emporte, et puis le mange,
Sans autre forme de procès.

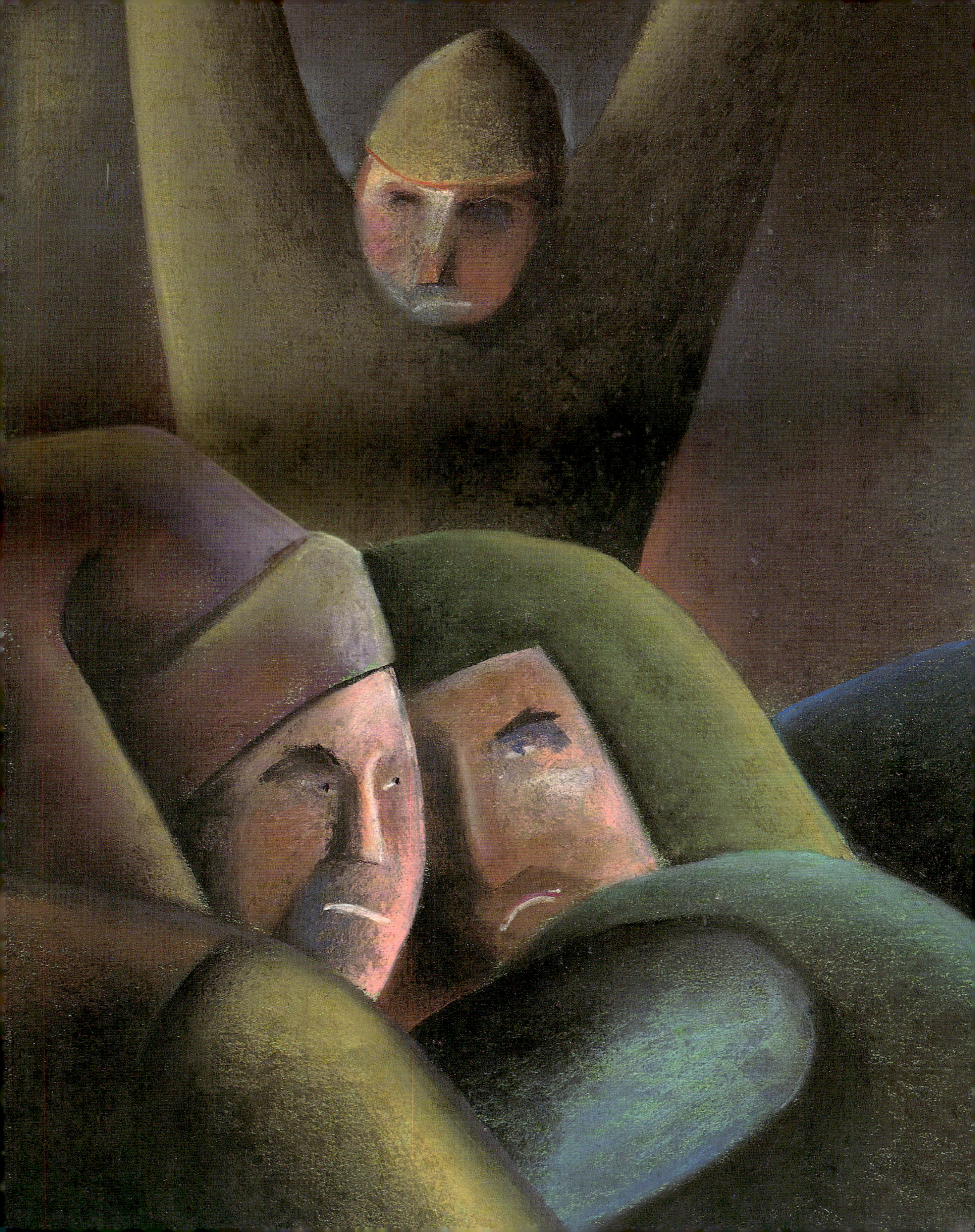

Les voleurs et l'âne

Pour un âne enlevé deux voleurs se battaient :

L'un voulait le garder ; l'autre le voulait vendre.

Tandis que coups de poing trottaient,

Et que nos champions songeaient à se défendre,

Arrive un troisième larron

Qui saisit maître Aliboron.

L'âne, c'est quelquefois une pauvre province.

Les voleurs sont tel ou tel prince,

Comme le Transylvain, le Turc et le Hongrois.

Au lieu de deux j'en ai rencontré trois :

Il est assez de cette marchandise.

De nul d'eux n'est souvent la province conquise :

Un quart voleur survient qui les accorde net

En se saisissant du baudet.

La mort et le bûcheron

Un pauvre bûcheron, tout couvert de ramée,
Sous le faix du fagot aussi bien que des ans
Gémissant et courbé marchait à pas pesants,
Et tâchait de gagner sa chaumine en fumée.
Enfin, n'en pouvant plus d'effort et de douleur,
Il met bas son fagot, il songe à son malheur.
Quel plaisir a-t-il eu depuis qu'il est au monde ?
En est-il un plus pauvre en la machine ronde ?
Point de pain quelquefois, et jamais de repos.
Sa femme, ses enfants, les soldats, les impôts,
Le créancier et la corvée
Lui font d'un malheureux la peinture achevée.
Il appelle la mort, elle vient sans tarder,
Lui demande ce qu'il faut faire.
C'est, dit-il, afin de m'aider
À recharger ce bois ; tu ne tarderas guère.
Le trépas vient tout guérir ;
Mais ne bougeons d'où nous sommes.
Plutôt souffrir que mourir,
C'est la devise des hommes.

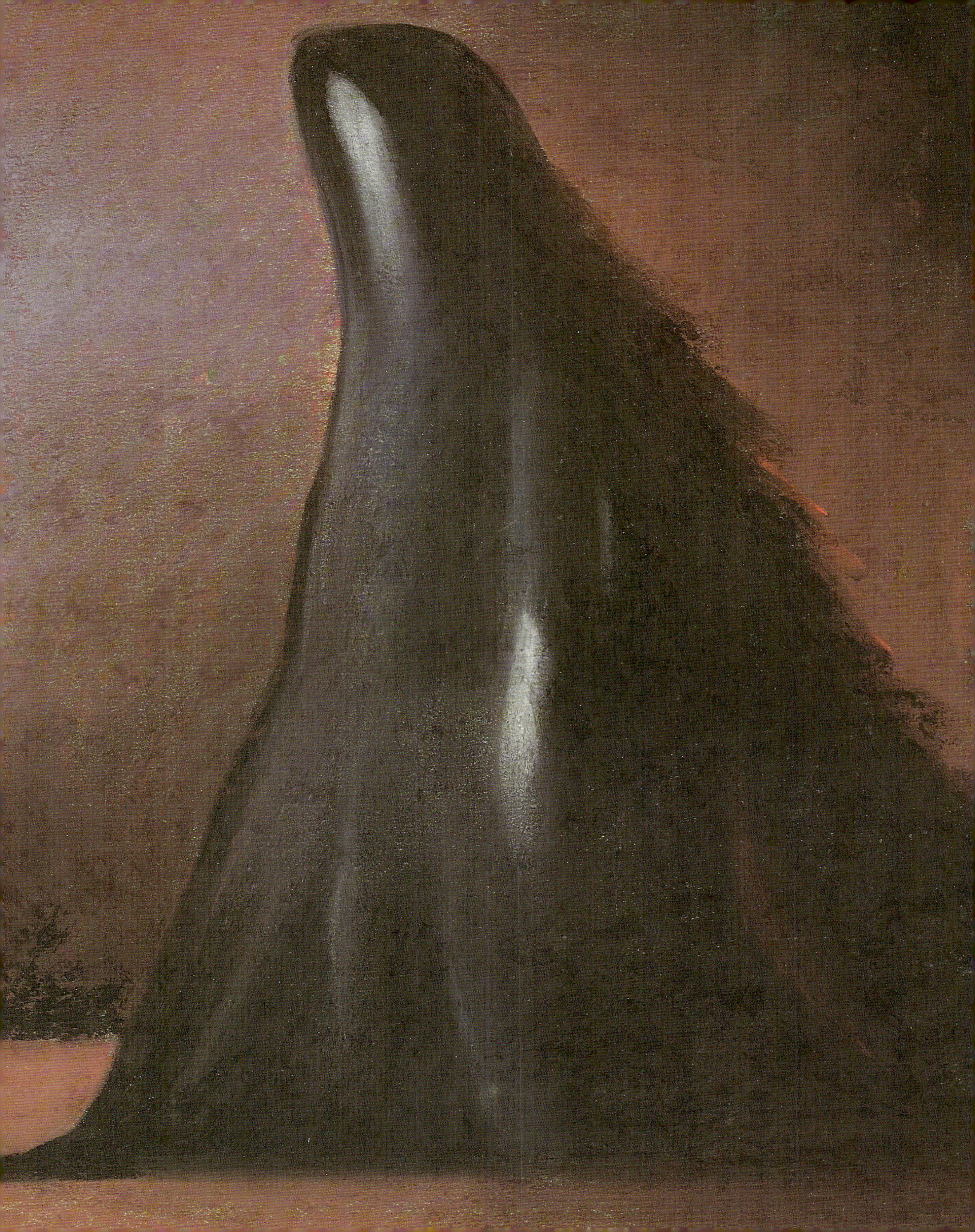

Le renard et la cigogne

Compère le renard se mit un jour en frais,
Et retint à dîner commère la cigogne.
Le régal fut petit, et sans beaucoup d'apprêts ;
Le galant pour toute besogne
Avait un brouet clair (il vivait chichement).
Ce brouet fut par lui servi sur une assiette :
La cigogne au long bec n'en put attraper miette ;
Et le drôle eut lapé le tout en un moment.
Pour se venger de cette tromperie,
À quelque temps de là, la cigogne le prie.
Volontiers, lui dit-il, car avec mes amis
Je ne fais point cérémonie.
À l'heure dite il courut au logis
De la cigogne son hôtesse,
Loua très fort la politesse,
Trouva le dîner cuit à point.
Bon appétit, surtout ; renards n'en manquent point.
Il se réjouissait à l'odeur de la viande
Mise en menus morceaux, et qu'il croyait friande.
On servit, pour l'embarrasser,
En un vase à long col et d'étroite embouchure.
Le bec de la cigogne y pouvait bien passer,
Mais le museau du sire était d'autre mesure.
Il lui fallut à jeun retourner au logis,
Honteux comme un renard qu'une poule aurait pris,
Serrant la queue, et portant bas l'oreille.
Trompeurs, c'est pour vous que j'écris :
Attendez-vous à la pareille.

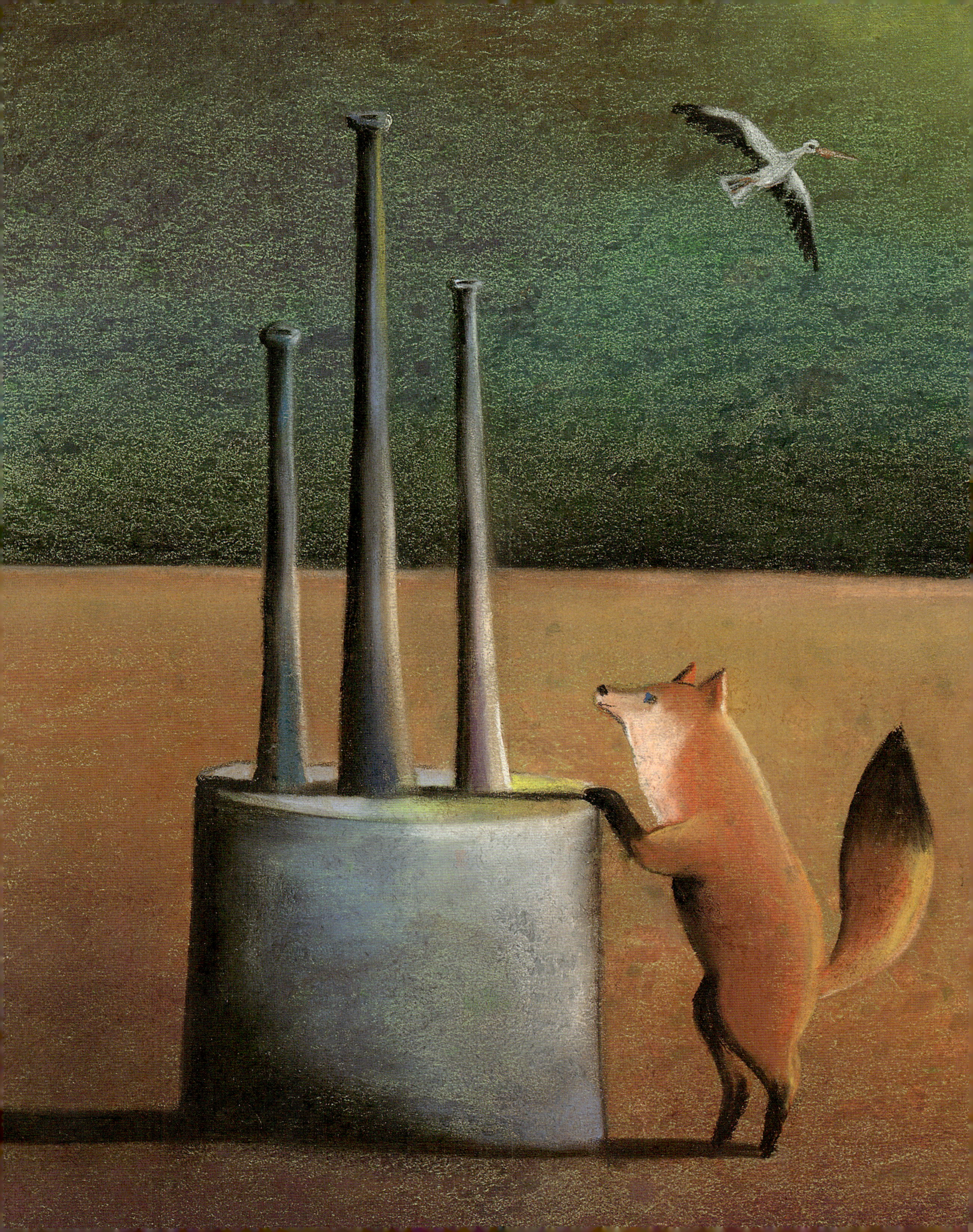

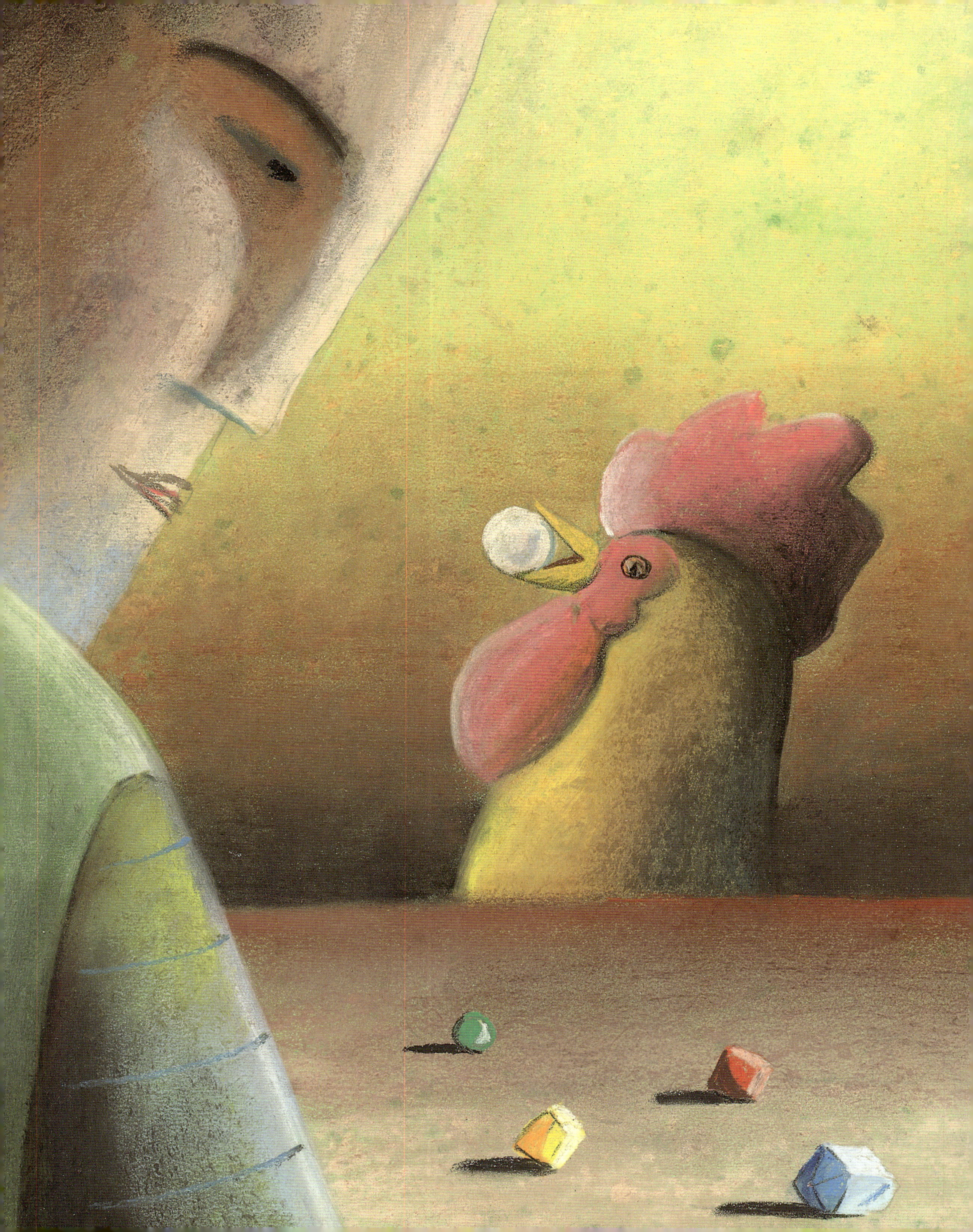

Le coq et la perle

Un jour un coq détourna
Une perle qu'il donna
Au beau premier lapidaire.
Je la crois fine, dit-il ;
Mais le moindre grain de mil
Serait bien mieux mon affaire.

Un ignorant hérita
D'un manuscrit qu'il porta
Chez son voisin le libraire.
Je crois, dit-il, qu'il est bon ;
Mais le moindre ducaton
Serait bien mieux mon affaire.

Le chêne et le roseau

Le chêne un jour dit au roseau :
Vous avez bien sujet d'accuser la nature ;
Un roitelet pour vous est un pesant fardeau.
Le moindre vent qui d'aventure
Fait rider la face de l'eau
Vous oblige à baisser la tête :
Cependant que mon front, au Caucase pareil,
Non content d'arrêter les rayons du soleil,
Brave l'effort de la tempête.
Tout vous est aquilon, tout me semble zéphyr.
Encor si vous naissiez à l'abri du feuillage
Dont je couvre le voisinage,
Vous n'auriez pas tant à souffrir :
Je vous défendrais de l'orage ;
Mais vous naissez le plus souvent
Sur les humides bords des royaumes du vent.
La nature envers vous me semble bien injuste.
– Votre compassion, lui répondit l'arbuste,
Part d'un bon naturel ; mais quittez ce souci.
Les vents me sont moins qu'à vous redoutables.
Je plie, et ne romps pas. Vous avez jusqu'ici
Contre leurs coups épouvantables
Résisté sans courber le dos ;
Mais attendons la fin. Comme il disait ces mots
Du bout de l'horizon accourt avec furie
Le plus terrible des enfants
Que le Nord eût porté jusque-là dans ses flancs.
L'arbre tient bon ; le roseau plie.
Le vent redouble ses efforts,
Et fait si bien qu'il déracine
Celui de qui la tête au ciel était voisine,
Et dont les pieds touchaient à l'empire des morts.

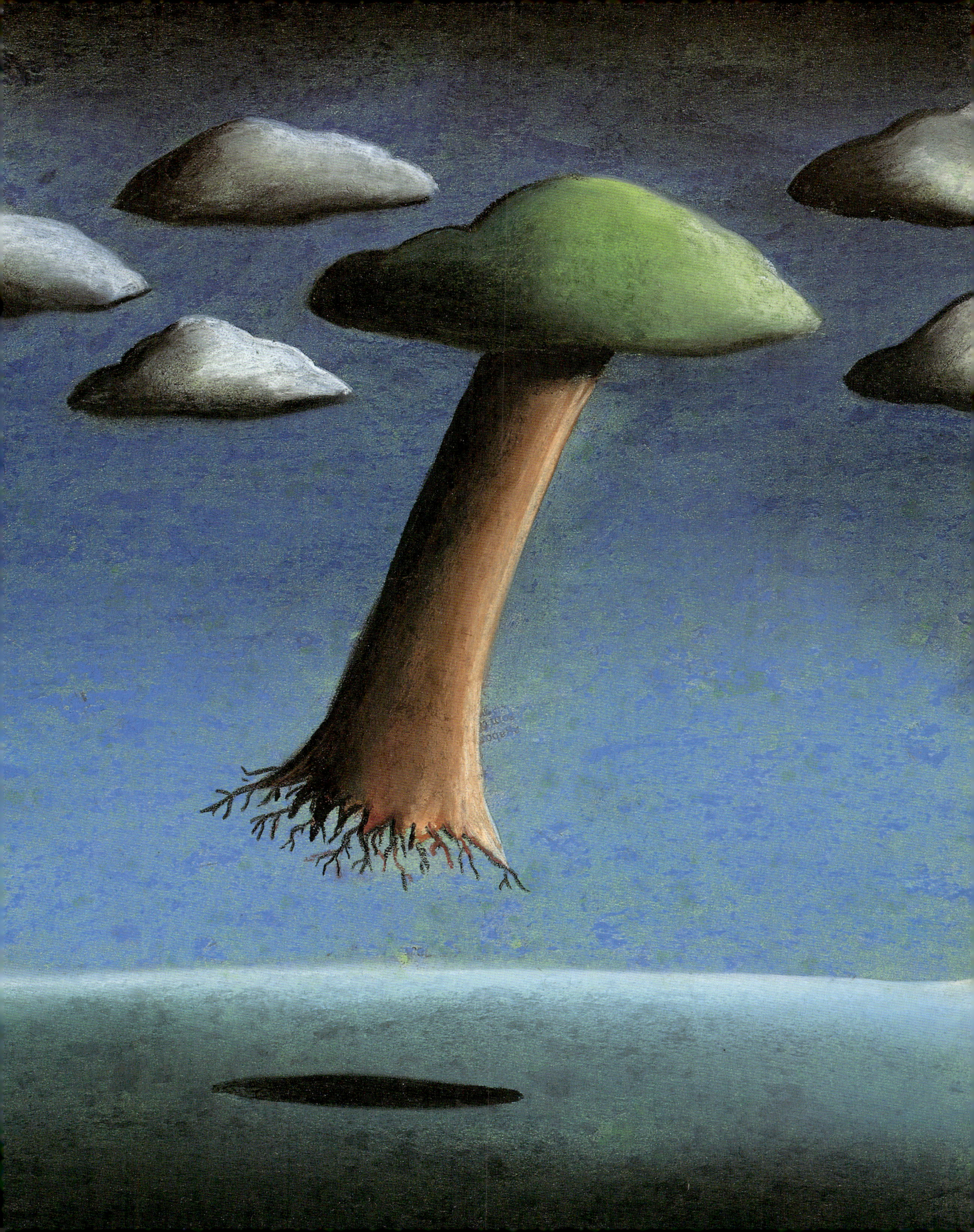

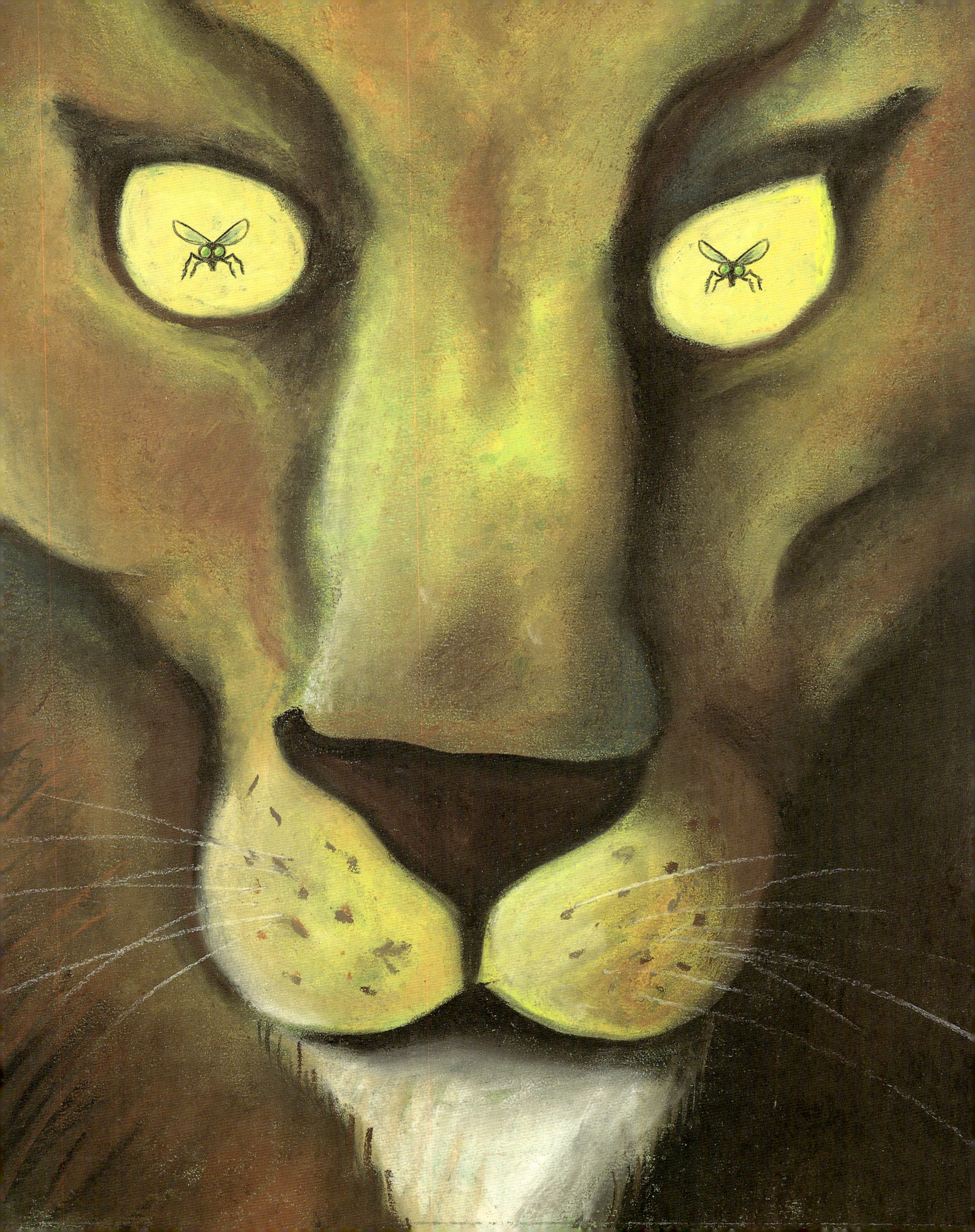

Le lion et le moucheron

Va-t'en, chétif insecte, excrément de la terre.
C'est en ces mots que le lion
Parlait un jour au moucheron.
L'autre lui déclara la guerre.
Penses-tu, lui dit-il, que ton titre de roi
Me fasse peur, ni me soucie ?
Un bœuf est plus puissant que toi,
Je le mène à ma fantaisie.
À peine il achevait ces mots
Que lui-même il sonna la charge,
Fut le trompette et le héros.
Dans l'abord il se met au large,
Puis prend son temps, fond sur le cou
Du lion, qu'il rend presque fou.
Le quadrupède écume, et son œil étincelle ;
Il rugit, on se cache, on tremble à l'environ ;
Et cette alarme universelle
Est l'ouvrage d'un moucheron.

Un avorton de mouche en cent lieux le harcelle,
Tantôt pique l'échine, et tantôt le museau,
Tantôt entre au fond du naseau.
La rage alors se trouve à son faîte montée.

L'invisible ennemi triomphe, et rit de voir
Qu'il n'est griffe ni dent en la bête irritée
Qui de la mettre en sang ne fasse son devoir.
Le malheureux lion se déchire lui-même,
Fait résonner sa queue à l'entour de ses flancs,
Bat l'air, qui n'en peut mais ; et sa fureur extrême
Le fatigue, l'abat ; le voilà sur les dents.
L'insecte du combat se retire avec gloire :
Comme il sonna la charge, il sonne la victoire,
Va partout l'annoncer, et rencontre en chemin
L'embuscade d'une araignée :
Il y rencontre aussi sa fin.

Quelle chose par là nous peut être enseignée ?
J'en vois deux, dont l'une est qu'entre nos ennemis
Les plus à craindre sont souvent les plus petits ;
L'autre, qu'aux grands périls tel a pu se soustraire,
    Qui périt pour la moindre affaire.

Le lion et le rat

Il faut, autant qu'on peut, obliger tout le monde :
On a souvent besoin d'un plus petit que soi.
De cette vérité deux fables feront foi,
Tant la chose en preuves abonde.
Entre les pattes d'un lion
Un rat sortit de terre assez à l'étourdie.
Le roi des animaux, en cette occasion,
Montra ce qu'il était, et lui donna la vie.
Ce bienfait ne fut pas perdu.
Quelqu'un aurait-il jamais cru
Qu'un lion d'un rat eût affaire ?
Cependant il advint qu'au sortir des forêts
Ce lion fut pris dans des rets
Dont ses rugissements ne le purent défaire.
Sire rat accourut, et fit tant par ses dents
Qu'une maille rongée emporta tout l'ouvrage,
Patience et longueur de temps
Font plus que force ni que rage.

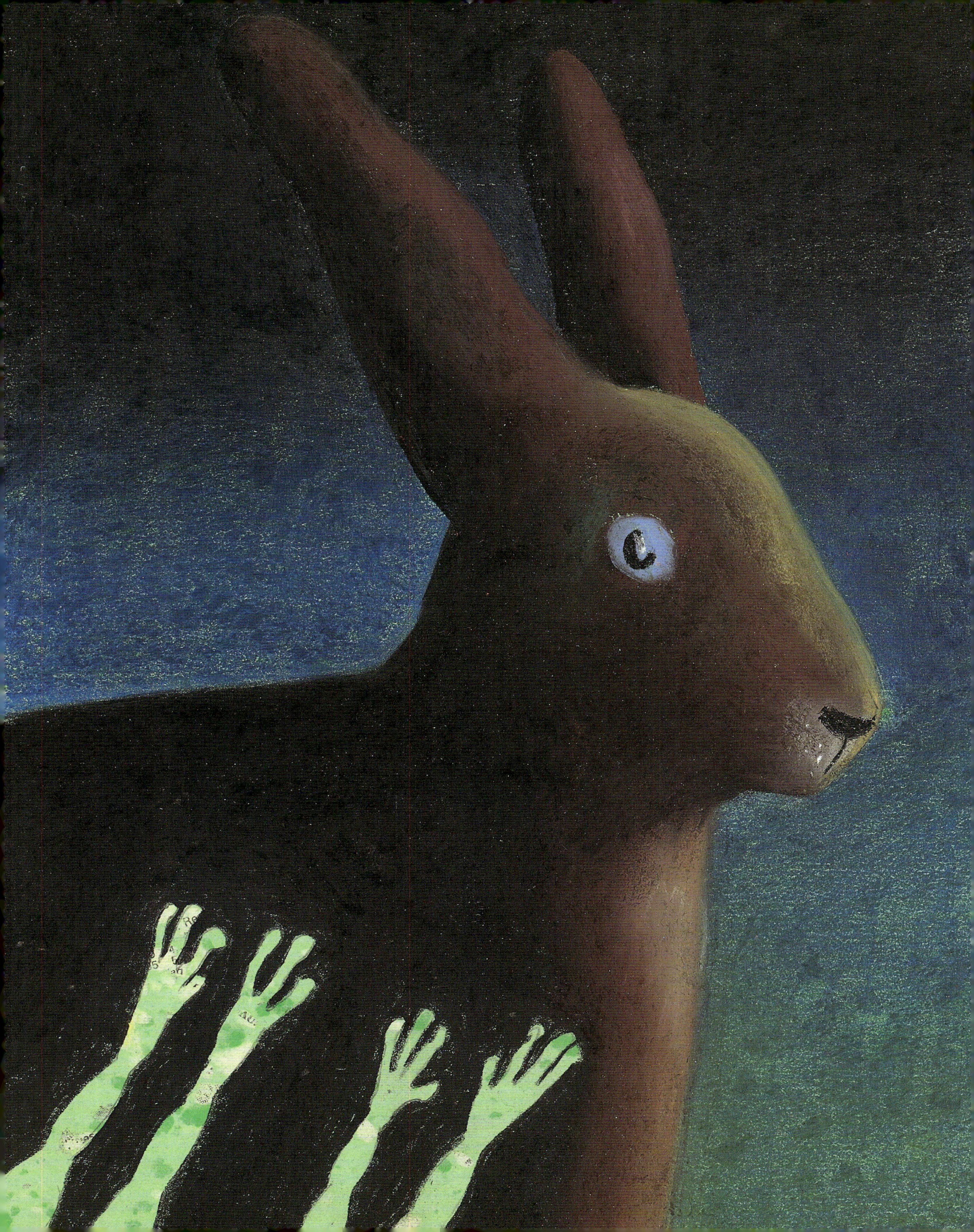

Le lièvre et les grenouilles

Un lièvre en son gîte songeait
(Car que faire en un gîte, à moins que l'on ne songe ?) ;
Dans un profond ennui ce lièvre se plongeait :
Cet animal est triste, et la crainte le ronge.
Les gens de naturel peureux
Sont, disait-il, bien malheureux ;
Ils ne sauraient manger morceau qui leur profite.
Jamais un plaisir pur, toujours assauts divers :
Voilà comme je vis : cette crainte maudite
M'empêche de dormir, sinon les yeux ouverts.
Corrigez-vous, dira quelque sage cervelle.
Eh ! La peur se corrige-t-elle ?
Je crois même qu'en bonne foi
Les hommes ont peur comme moi.
Ainsi raisonnait notre lièvre,
Et cependant faisait le guet.
Il était douteux, inquiet :
Un souffle, une ombre, un rien, tout lui donnait la fièvre.

Le mélancolique animal,
En rêvant à cette matière,
Entend un léger bruit : ce lui fut un signal
Pour s'enfuir devers sa tanière.
Il s'en alla passer sur le bord d'un étang.
Grenouilles aussitôt de sauter dans les ondes,
Grenouilles de rentrer en leurs grottes profondes.
Oh ! dit-il, j'en fais faire autant
Qu'on m'en fait faire ! Ma présence
Effraie aussi les gens, je mets l'alarme au camp !
Et d'où me vient cette vaillance ?
Comment ! Des animaux qui tremblent devant moi !
Je suis donc un foudre de guerre ?
Il n'est, je le vois bien, si poltron sur la terre
Qui ne puisse trouver un plus poltron que soi.

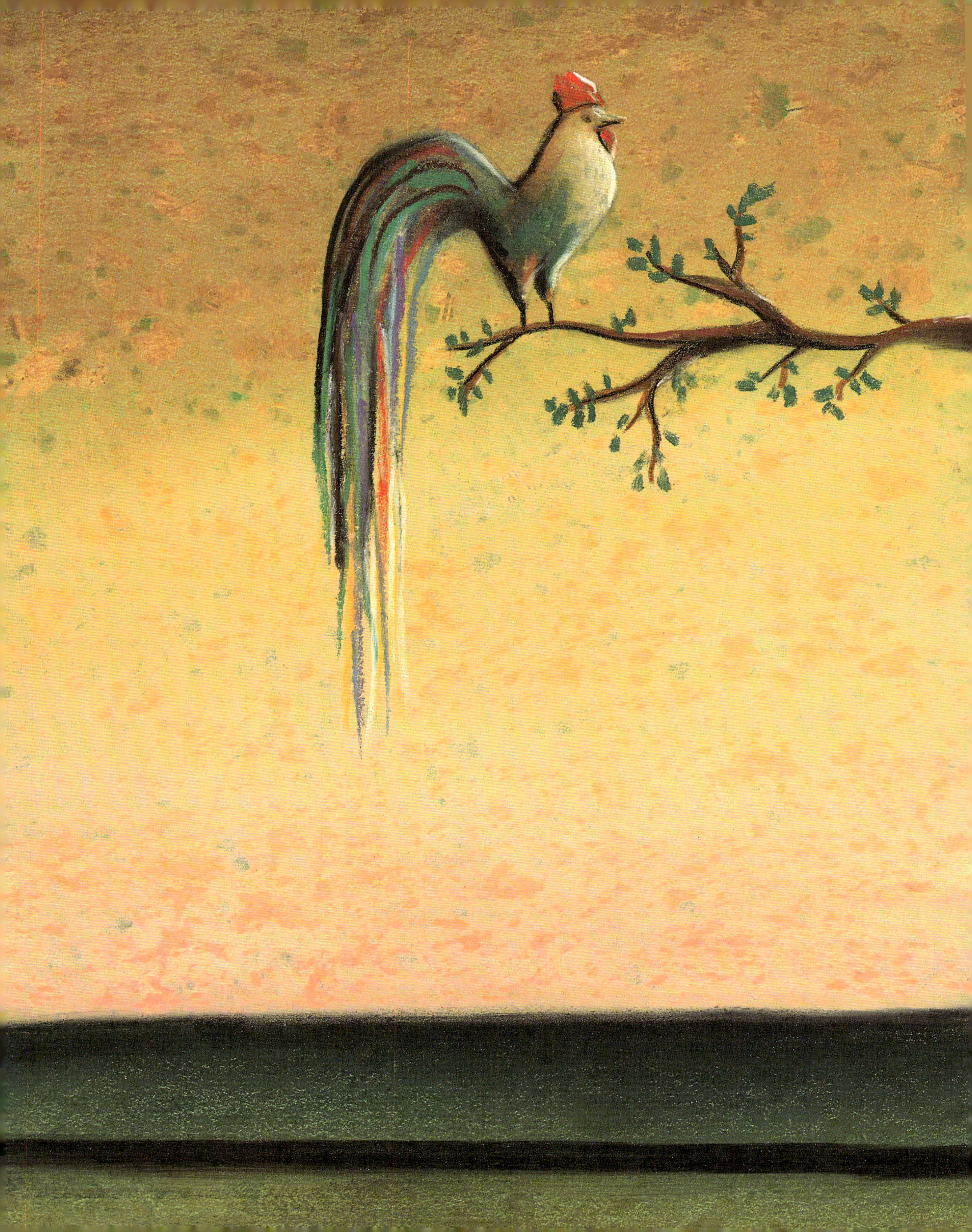

Le coq et le renard

Sur la branche d'un arbre était en sentinelle
Un vieux coq adroit et matois.
Frère, dit un renard, adoucissant sa voix,
Nous ne sommes plus en querelle :
Paix générale cette fois.
Je viens te l'annoncer ; descends que je t'embrasse.
Ne me retarde point, de grâce :
Je dois faire aujourd'hui vingt postes sans manquer.
Les tiens et toi pouvez vaquer
Sans nulle crainte à vos affaires ;
Nous vous y servirons en frères.
Faites-en les feux dès ce soir.
Et cependant viens recevoir
Le baiser d'amour fraternel.

– Ami, reprit le coq, je ne pouvais jamais
Apprendre une plus douce et meilleure nouvelle
Que celle
De cette paix ;
Et ce m'est une double joie
De la tenir de toi. Je vois deux lévriers,
Qui, je m'assure, sont courriers
Que pour ce sujet on envoie.
Ils vont vite, et seront dans un moment à nous.
Je descends ; nous pourrons nous entre-baiser tous.

– Adieu, dit le renard, ma traite est longue à faire :
Nous nous réjouirons du succès de l'affaire
Une autre fois. Le galand aussitôt
Tire ses grègues, gagne au haut,
Mal content de son stratagème ;
Et notre vieux coq en soi-même
Se mit à rire de sa peur ;
Car c'est double plaisir de tromper le trompeur.

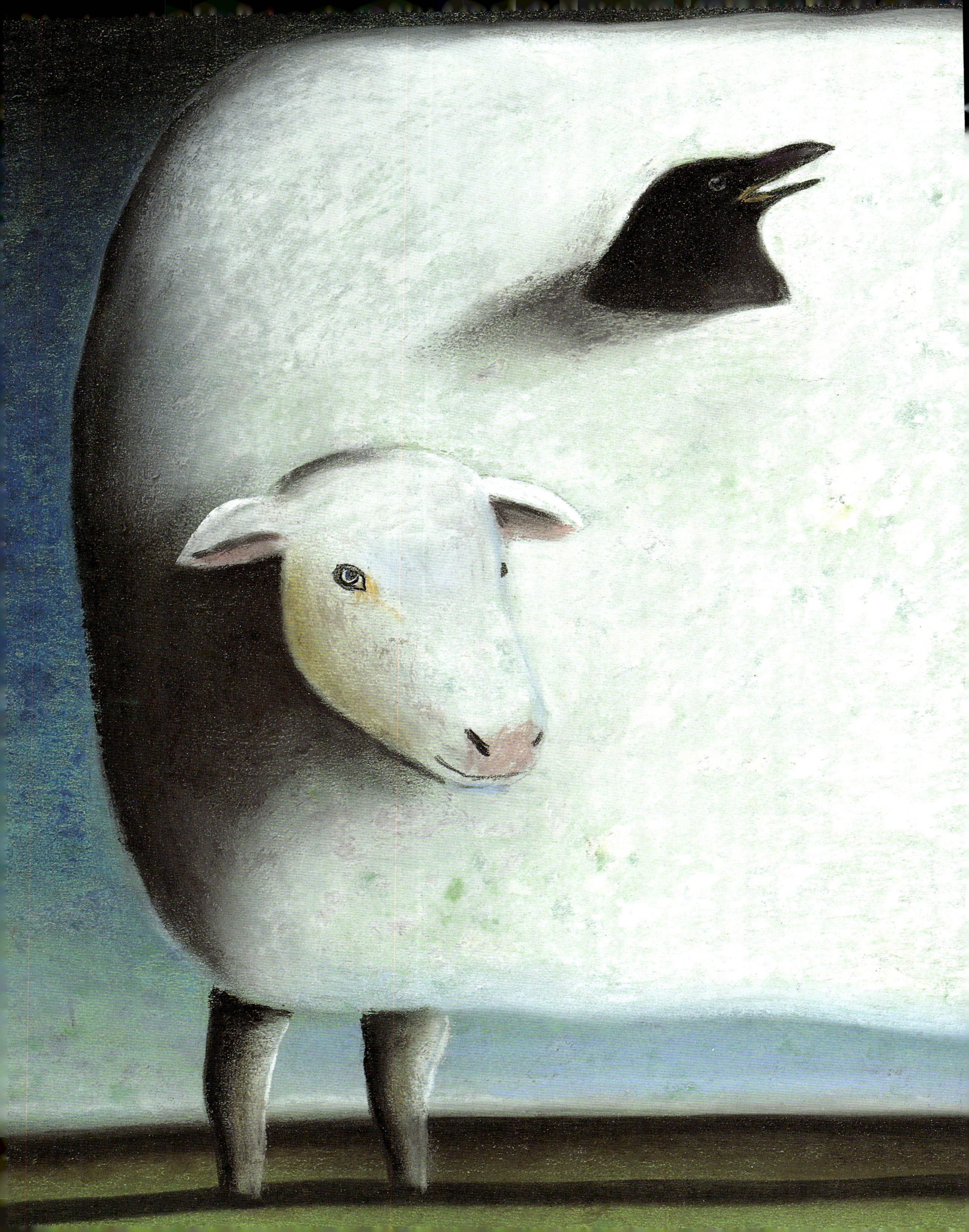

Le corbeau voulant imiter l'aigle

L'oiseau de Jupiter enlevant un mouton,
Un corbeau témoin de l'affaire,
Et plus faible de reins, mais non pas moins glouton,
En voulut sur l'heure autant faire.
Il tourne à l'entour du troupeau,
Marque entre cent moutons le plus gras, le plus beau,
Un vrai mouton de sacrifice :
On l'avait réservé pour la bouche des dieux.
Gaillard corbeau disait, en le couvant des yeux :
Je ne sais qui fut ta nourrice ;
Mais ton corps me paraît en merveilleux état :
Tu me serviras de pâture.
Sur l'animal bêlant, à ces mots, il s'abat.
La moutonnière créature
Pesait plus qu'un fromage, outre que sa toison
Était d'une épaisseur extrême,
Et mêlée à peu près de la même façon
Que la barbe de Polyphème.
Elle empêtra si bien les serres du corbeau
Que le pauvre animal ne put faire retraite.
Le berger vient, le prend, l'encage bien et beau,
Le donne à ses enfants pour servir d'amusette.
Il faut se mesurer, la conséquence est nette :
Mal prend aux volereaux de faire les voleurs.
L'exemple est un dangereux leurre :
Tous les mangeurs de gens ne sont pas grands seigneurs ;
Où la guêpe a passé, le moucheron demeure.

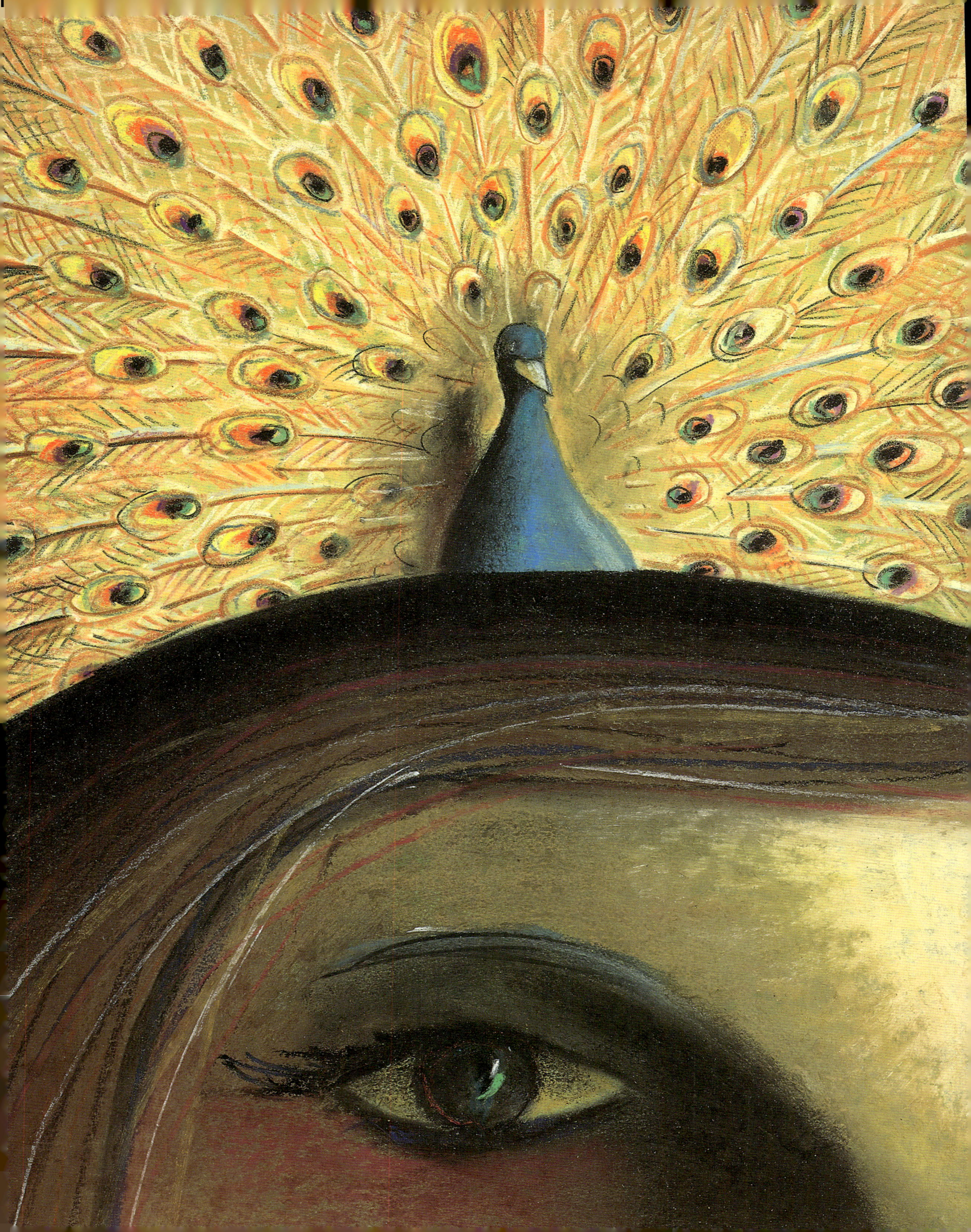

Le paon se plaignant à Junon

Le paon se plaignait à Junon :
Déesse, disait-il, ce n'est pas sans raison
Que je me plains, que je murmure :
Le chant dont vous m'avez fait don
Déplaît à toute la nature ;
Au lieu qu'un rossignol, chétive créature,
Forme des sons aussi doux qu'éclatants,
Est lui seul l'honneur du printemps.
Junon répondit en colère :
Oiseaux jaloux, et qui devrais te taire,
Est-ce à toi d'envier la voix du rossignol,
Toi que l'on voit porter à l'entour de ton col
Un arc-en-ciel nué de cent sortes de soies ;
Qui te panades, qui déploies
Une si riche queue, et qui semble à nos yeux
La boutique d'un lapidaire ?
Est-il quelque oiseau sous les cieux
Plus que toi capable de plaire ?
Tout animal n'a pas toutes propriétés.
Nous vous avons donné diverses qualités :
Les uns ont la grandeur et la force en partage ;
Le faucon est léger, l'aigle plein de courage ;
Le corbeau sert pour le présage,
La corneille avertit des malheurs à venir ;
Tous sont contents de leur ramage.
Cesse donc de te plaindre, ou bien pour te punir,
Je t'ôterai ton plumage.

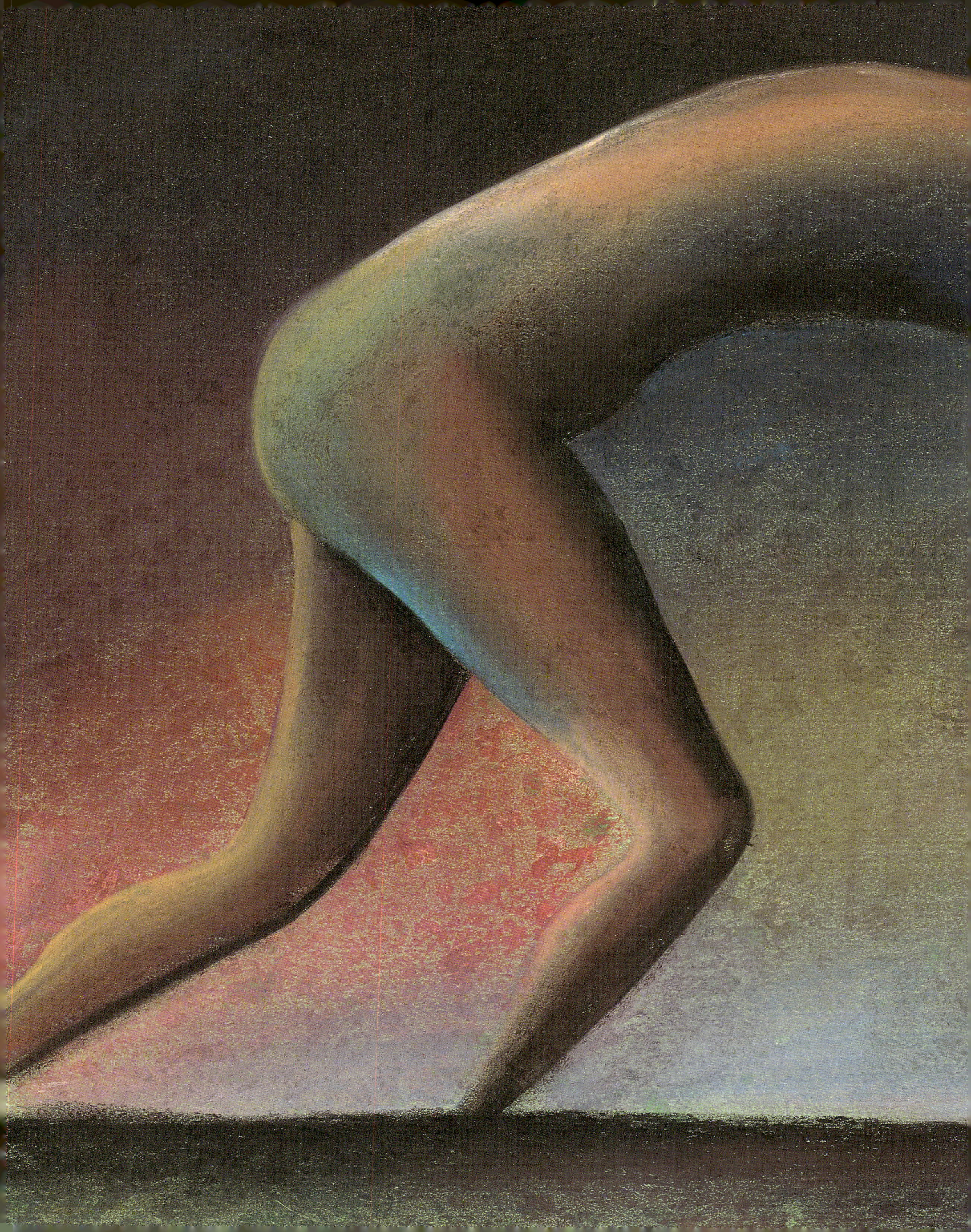

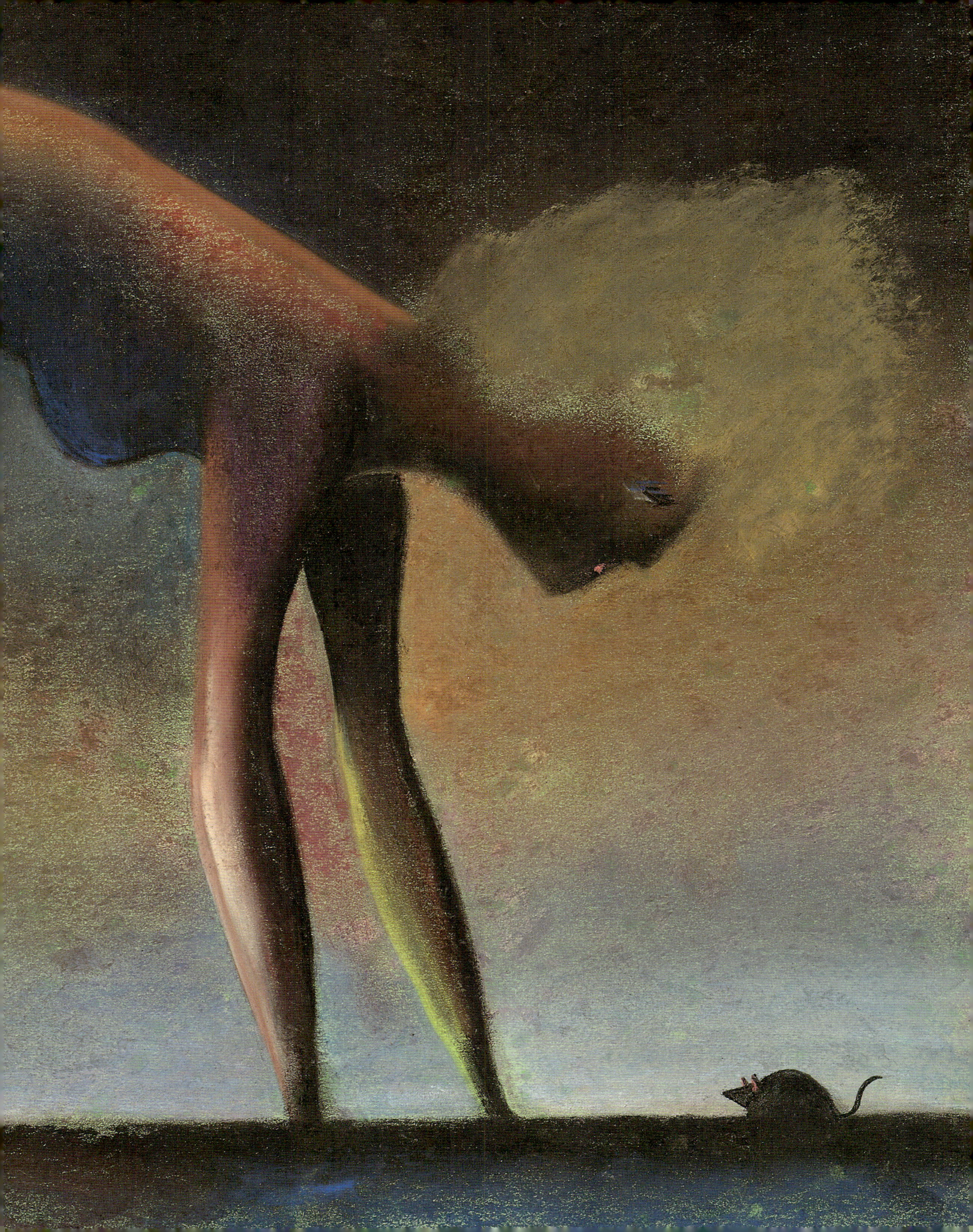

La chatte métamorphosée en femme

Un homme chérissait éperdument sa chatte ;
Il la trouvait mignonne, et belle, et délicate,
Qui miaulait d'un ton fort doux.
Il était plus fou que les fous.
Cet homme donc, par prières, par larmes,
Par sortilèges et par charmes,
Fait tant qu'il obtient du destin
Que sa chatte, en un beau matin,
Devient femme, et le matin même,
Maître sot en fait sa moitié.
Le voilà fou d'amour extrême,
De fou qu'il était d'amitié.
Jamais la dame la plus belle
Ne charma tant son favori
Que fait cette épouse nouvelle
Son hypocondre de mari.
Il l'amadoue, elle le flatte ;
Il n'y trouve plus rien de chatte,
Et, poussant l'erreur jusqu'au bout,
La croit femme en tout et partout,
Lorsque quelques souris qui rongeaient de la natte
Troublèrent le plaisir des nouveaux mariés.

Aussitôt la femme est sur pieds :
Elle manqua son aventure.
Souris de revenir, femme d'être en posture.
Pour cette fois elle accourut à point :
Car ayant changé de figure,
Les souris ne la craignaient point.
Ce lui fut toujours une amorce,
Tant le naturel a de force.
Il se moque de tout, certain âge accompli :
Le vase est imbibé, l'étoffe a pris son pli.
En vain de son train ordinaire
On le veut désaccoutumer.
Quelque chose qu'on puisse faire,
On ne saurait le réformer.
Coups de fourche ni d'étrivières
Ne lui font changer de manières ;
Et, fussiez-vous embâtonnés,
Jamais vous n'en serez les maîtres.
Qu'on lui ferme la porte au nez,
Il reviendra par les fenêtres.

Le renard et le bouc

Capitaine renard allait de compagnie
Avec son ami bouc des plus haut encornés.
Celui-ci ne voyait pas plus loin que son nez ;
L'autre était passé maître en fait de tromperie.
La soif les obligea de descendre en un puits.
Là chacun d'eux se désaltère.
Après qu'abondamment tous deux en eurent pris,
Le renard dit au bouc : Que ferons-nous, compère ?
Ce n'est pas tout de boire, il faut sortir d'ici.
Lève tes pieds en haut, et tes cornes aussi :
Mets-les contre le mur : le long de ton échine
Je grimperai premièrement ;
Puis sur tes cornes m'élevant,
À l'aide de cette machine,
De ce lieu-ci je sortirai,
Après quoi je t'en tirerai.
– Par ma barbe, dit l'autre, il est bon ; et je loue
Les gens bien sensés comme toi.
Je n'aurais jamais, quant à moi,
Trouvé ce secret, je l'avoue.

Le renard sort du puits, laisse son compagnon,
Et vous lui fait un beau sermon
Pour l'exhorter à patience.
Si le ciel t'eût, dit-il, donné par excellence
Autant de jugement que de barbe au menton,
Tu n'aurais pas à la légère,
Descendu dans ce puits. Or adieu, j'en suis hors.
Tâche de t'en tirer, et fais tous tes efforts :
Car, pour moi, j'ai certaine affaire
Qui ne me permet pas d'arrêter en chemin.

En toute chose il faut considérer la fin.

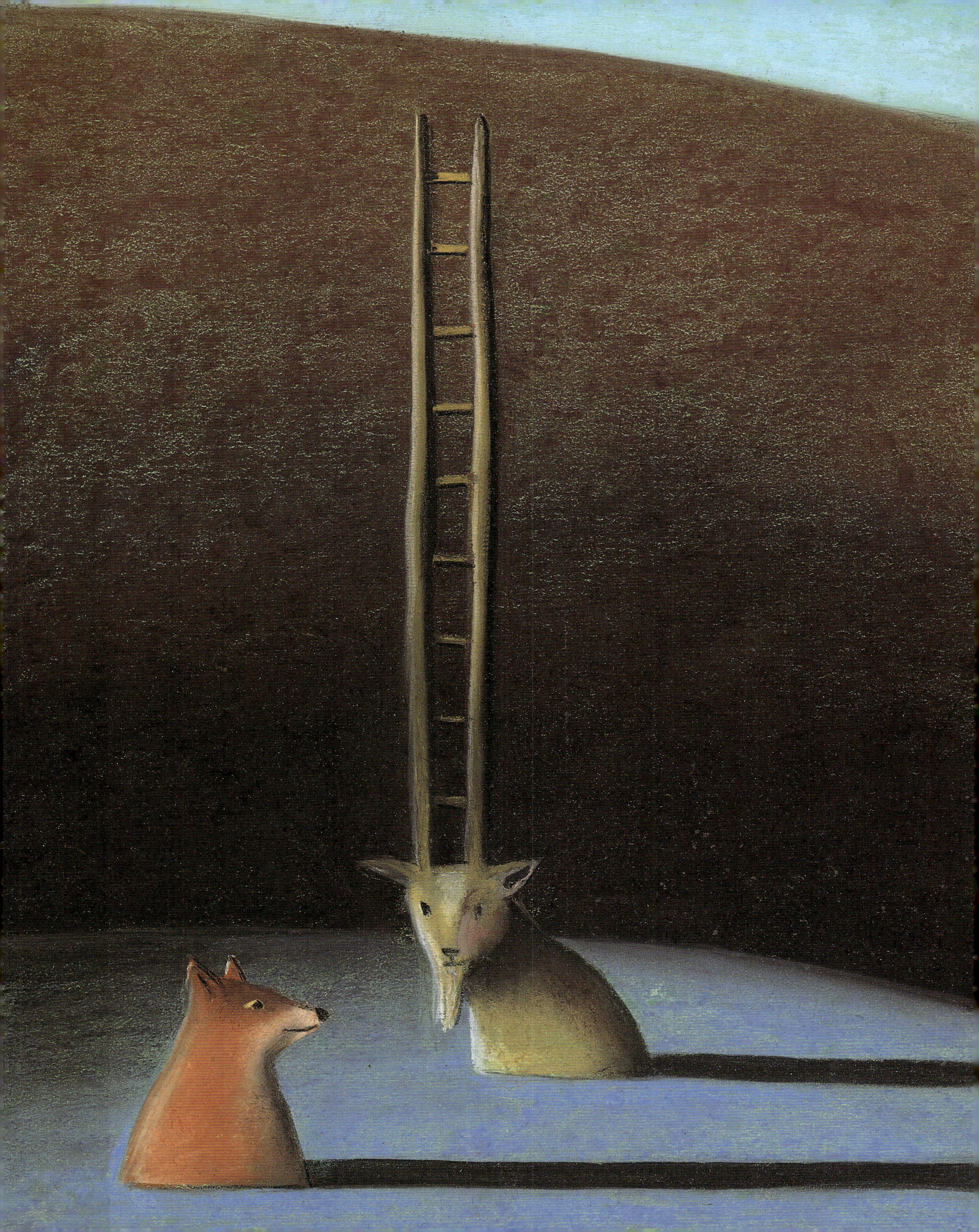

Le loup et la cigogne

Les loups mangent gloutonnement.
Un loup donc, étant de frairie,
Se pressa, dit-on, tellement
Qu'il en pensa perdre la vie.
Un os lui demeura bien avant au gosier.
De bonheur pour ce loup, qui ne pouvait crier,
Près de là passe une cigogne.
Il lui fait signe, elle accourt.
Voilà l'opératrice aussitôt en besogne.
Elle retira l'os ; puis pour un si bon tour
Elle demanda son salaire.
Votre salaire ? dit le loup :
Vous riez, ma bonne commère.
Quoi ! Ce n'est pas encor beaucoup
D'avoir de mon gosier retiré votre cou ?
Allez, vous êtes une ingrate :
Ne tombez jamais sous ma patte.

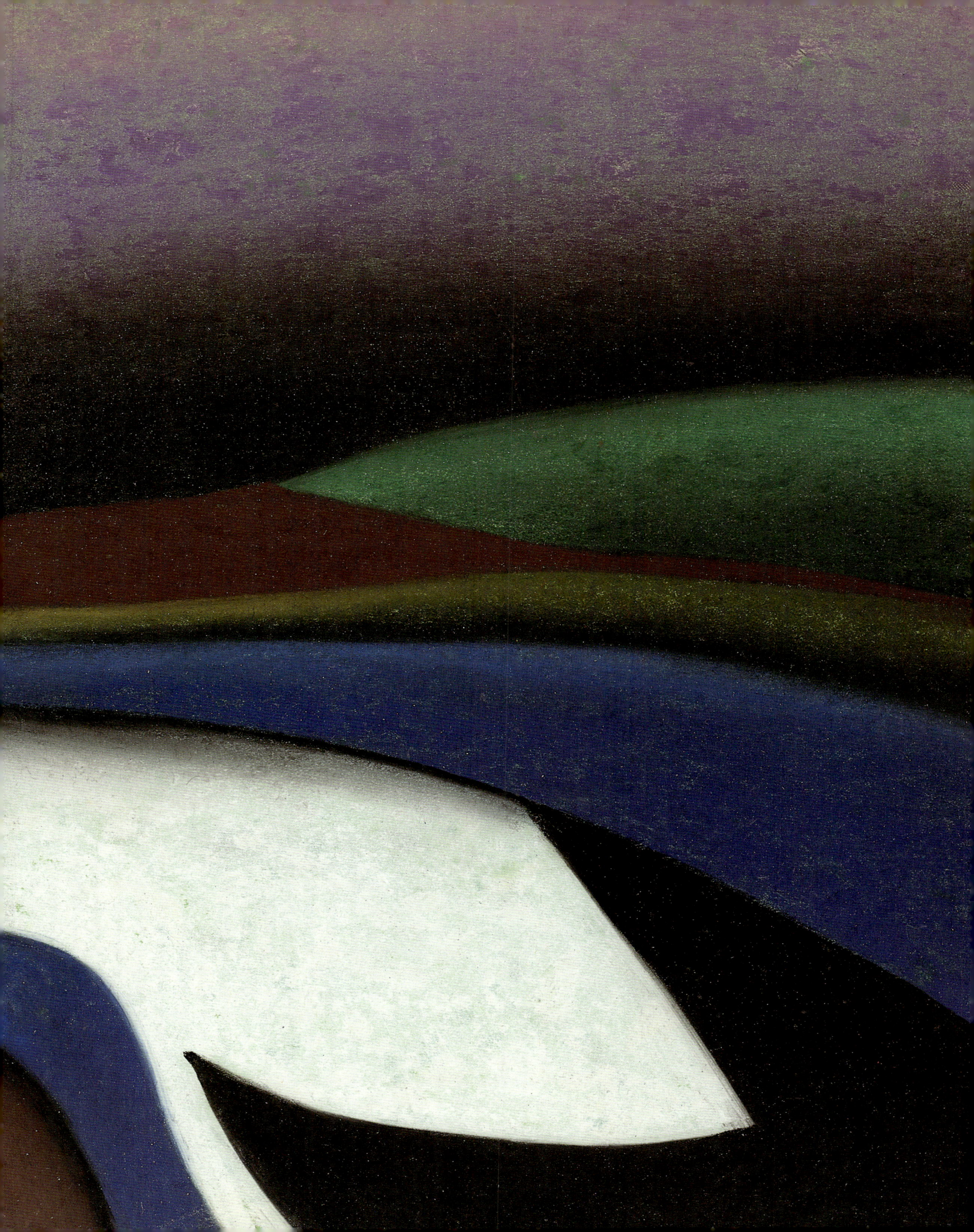

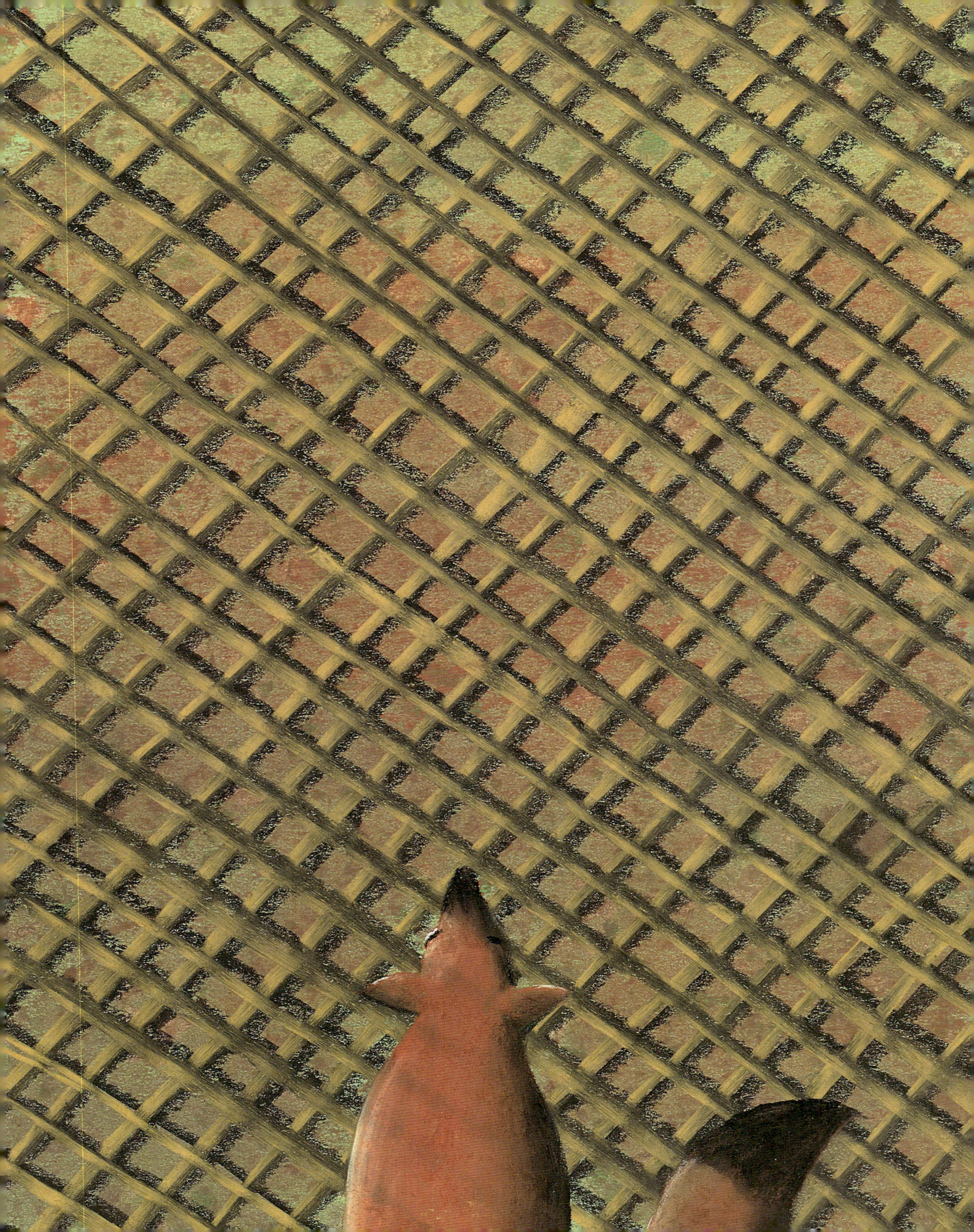

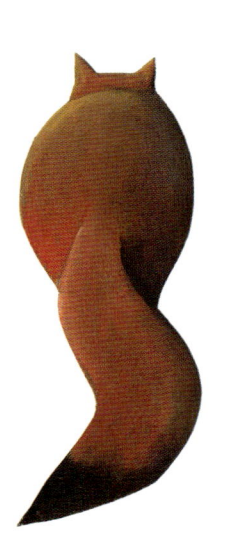

Le renard et les raisins

Certain renard gascon, d'autres disent normand,

Mourant presque de faim, vit au haut d'une treille

Des raisins mûrs apparemment

Et couverts d'une peau vermeille.

Le galant en eût fait volontiers un repas ;

Mais, comme il n'y pouvait atteindre :

Ils sont trop verts, dit-il, et bons pour des goujats.

Fit-il pas mieux que de se plaindre ?

Le cygne et le cuisinier

Dans une ménagerie
De volatiles remplie
Vivaient le cygne et l'oison :
Celui-là destiné pour les regards du maître,
Celui-ci pour son goût ; l'un qui se piquait d'être
Commensal du jardin, l'autre de la maison.
Des fossés du château faisant leurs galeries,
Tantôt on les eût vus côté à côte nager,
Tantôt courir sur l'onde, et tantôt se plonger,
Sans pouvoir satisfaire à leurs vaines envies.
Un jour le cuisinier, ayant trop bu d'un coup,
Prit pour oison le cygne, et le tenant au cou,
Il allait l'égorger, puis le mettre en potage.
L'oiseau, prêt à mourir, se plaint en son ramage.
Le cuisinier fut fort surpris,
Et vit bien qu'il s'était mépris.
Quoi ! Je mettrais, dit-il, un tel chanteur en soupe !
Non, non, ne plaise aux dieux que jamais ma main coupe
La gorge à qui s'en sert si bien.

Ainsi, dans les dangers qui nous suivent en croupe,
Le doux parler ne nuit de rien.

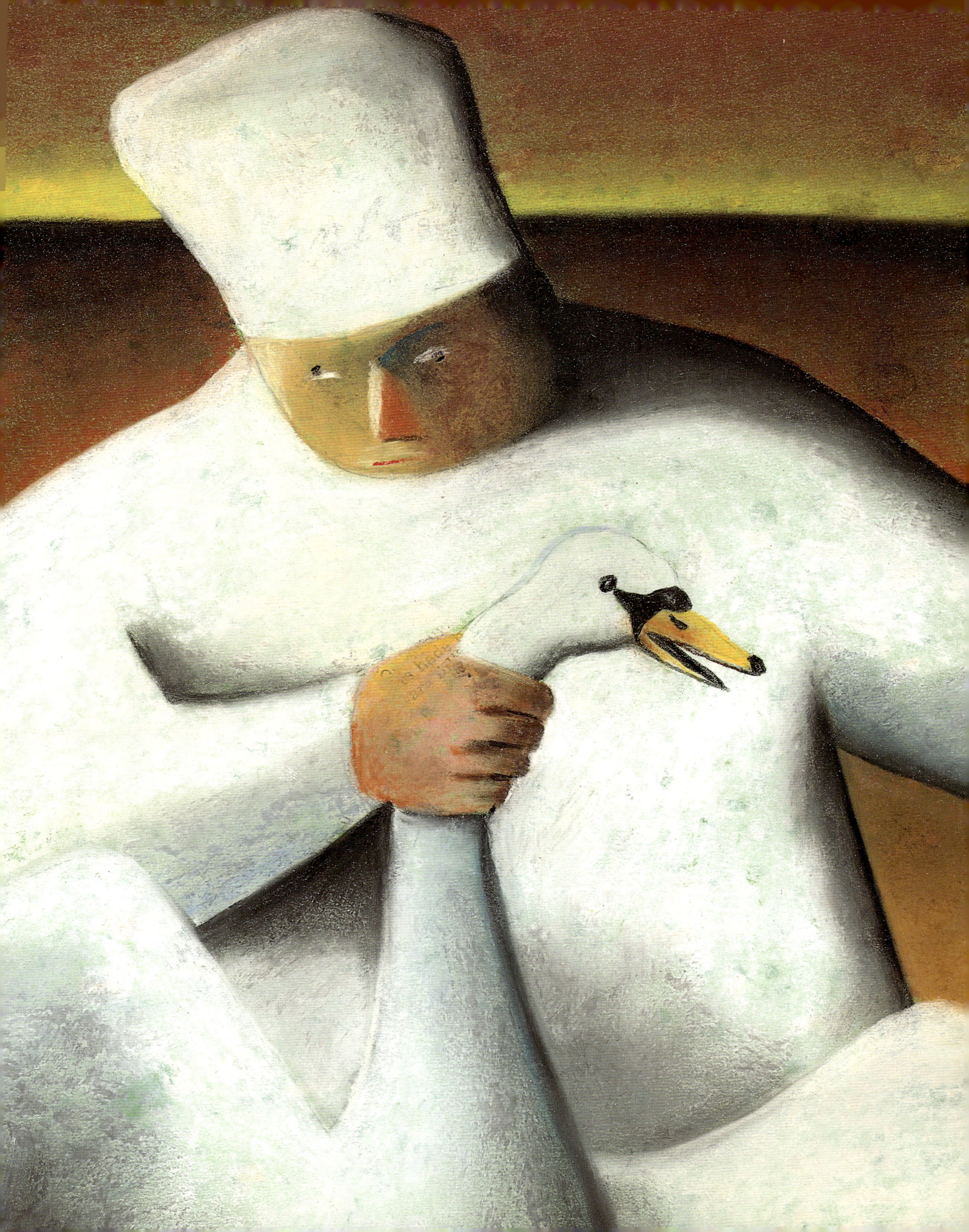

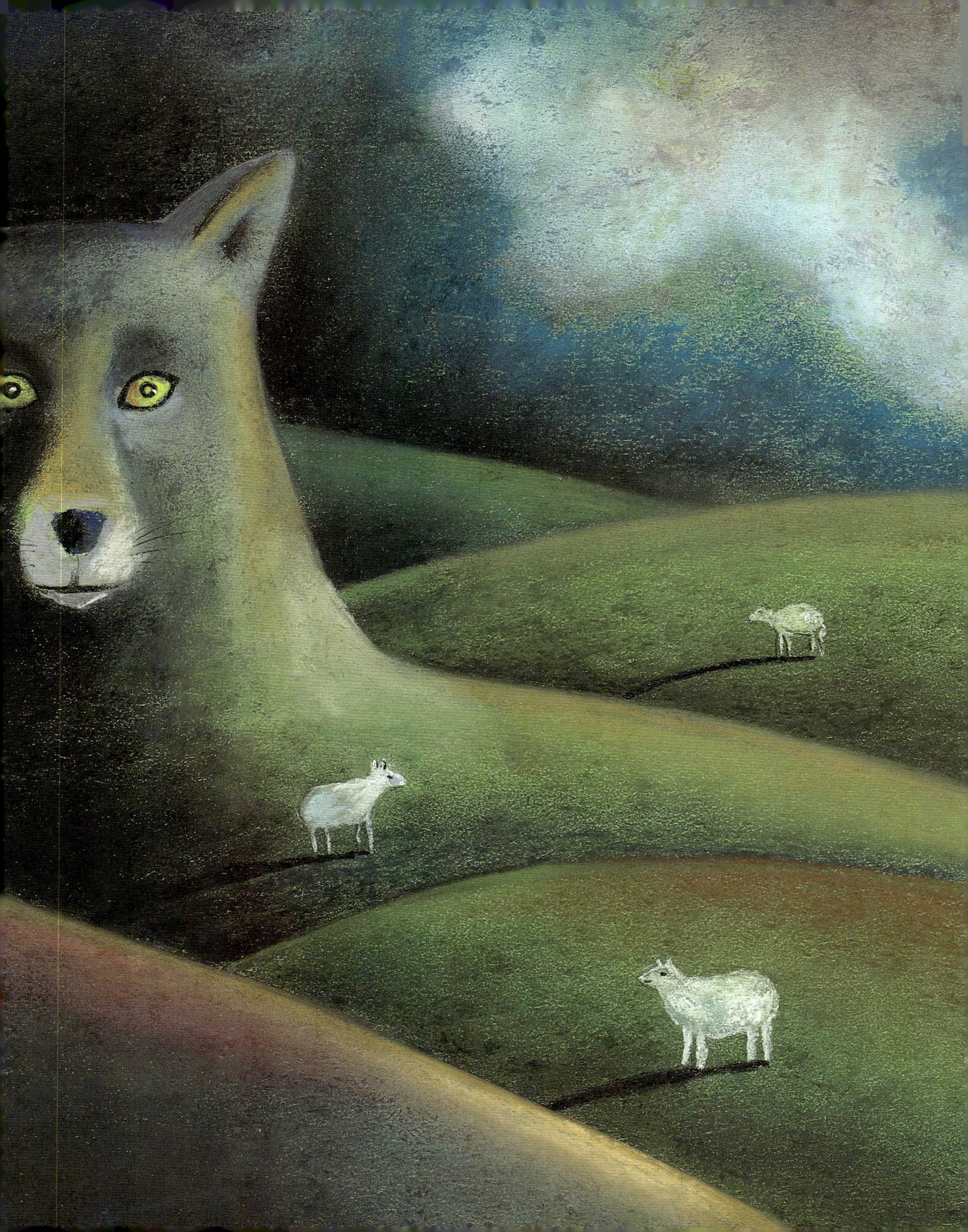

Les loups et les brebis

Après mille ans et plus de guerre déclarée,
Les loups firent la paix avecque les brebis.
C'était apparemment le bien des deux partis :
Car, si les loups mangeaient mainte bête égarée,
Les bergers de leur peau se faisaient maints habits.
Jamais de liberté, ni pour les pâturages,
Ni d'autre part pour les carnages.
Ils ne pouvaient jouir qu'en tremblant de leurs biens.
La paix se conclut donc ; on donne des otages :
Les loups leurs louveteaux, et les brebis leurs chiens.
L'échange en étant fait aux formes ordinaires,
Et réglé par des commissaires.

Au bout de quelque temps que messieurs les louvats
Se virent loups parfaits et friands de tuerie,
Ils vous prennent le temps que dans la bergerie
Messieurs les bergers n'étaient pas,
Étranglent la moitié des agneaux les plus gras,
Les emportent aux dents, dans les bois se retirent.
Ils avaient averti leurs gens secrètement.
Les chiens, qui, sur leur foi, reposaient sûrement,
Furent étranglés en dormant :
Cela fut sitôt fait qu'à peine ils le sentirent.
Tout fut mis en morceaux ; un seul n'en échappa.

Nous pouvons conclure de là
Qu'il faut faire aux méchants guerre continuelle.
La paix est fort bonne de soi,
J'en conviens ; mais de quoi sert-elle
Avec des ennemis sans foi ?

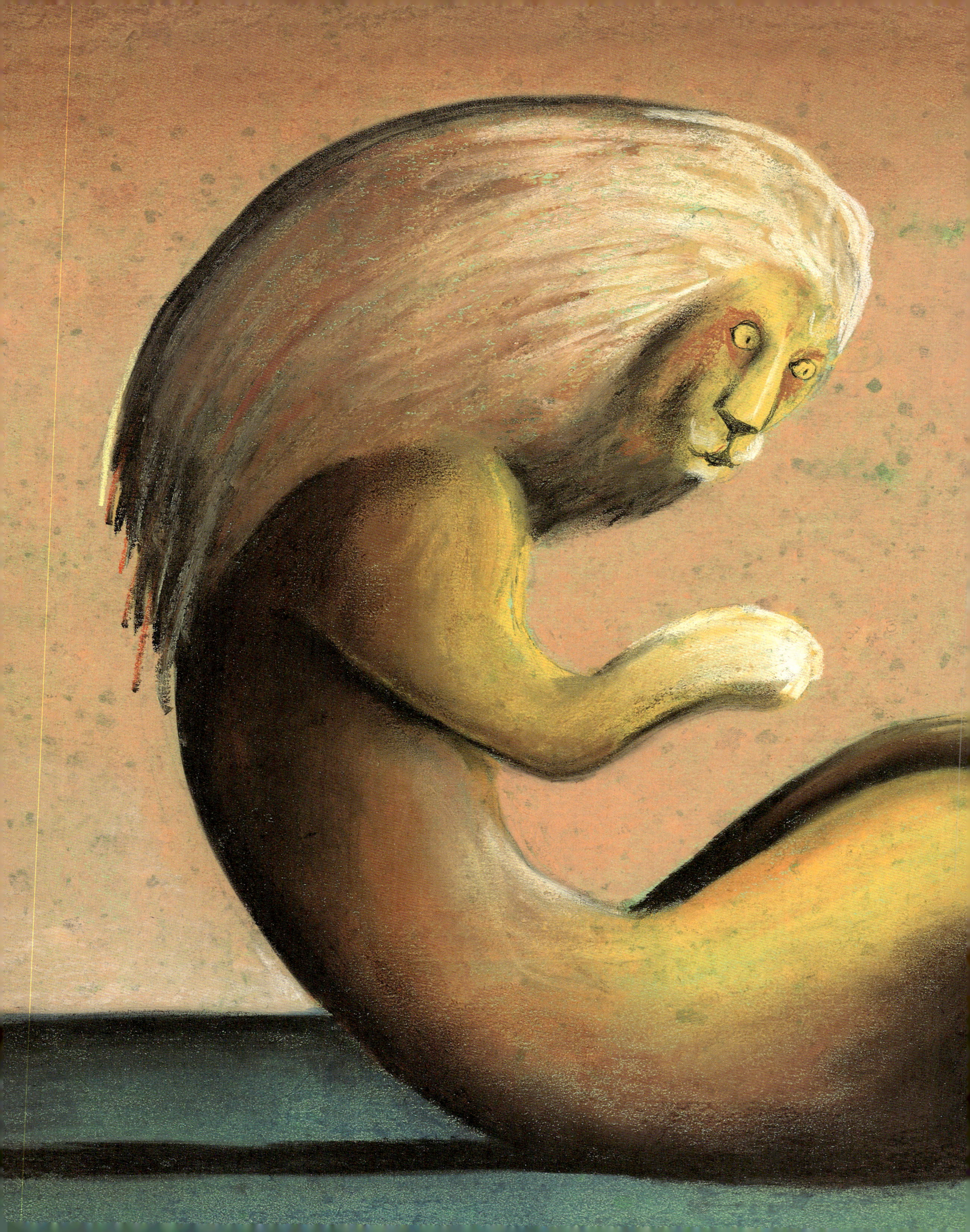

Le lion devenu vieux

Le lion, terreur des forêts,
Chargé d'ans, et pleurant son antique prouesse,
Fut enfin attaqué par ses propres sujets,
Devenus forts par sa faiblesse.
Le cheval s'approchant lui donne un coup de pied,
Le loup un coup de dent, le bœuf un coup de corne.
Le malheureux lion, languissant, triste et morne,
Peut à peine rugir, par l'âge estropié.
Il attend son destin, sans faire aucunes plaintes,
Quand, voyant l'âne même à son antre accourir :
Ah ! C'est trop, lui dit-il : je voulais bien mourir ;
Mais c'est mourir deux fois que souffrir tes atteintes.

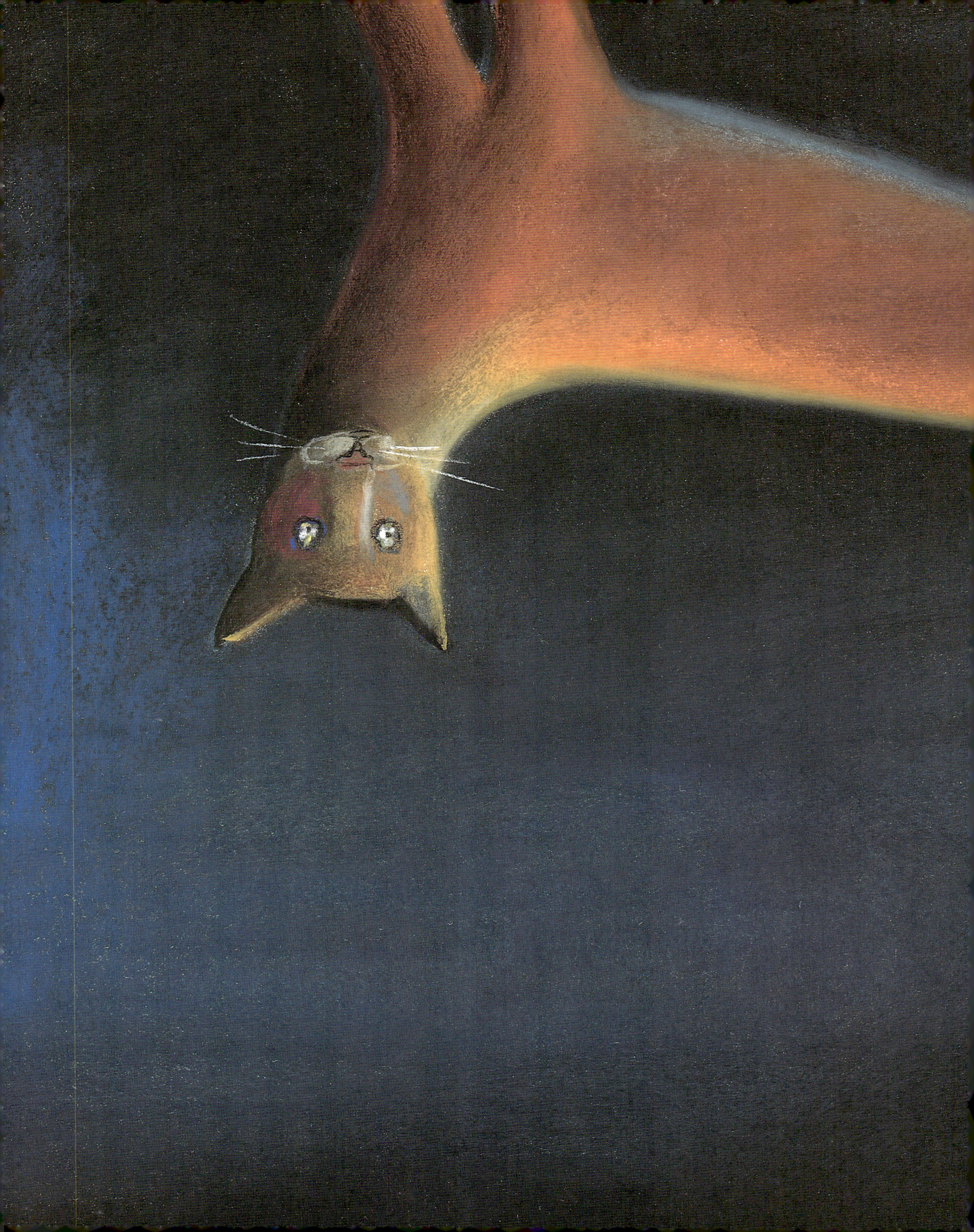

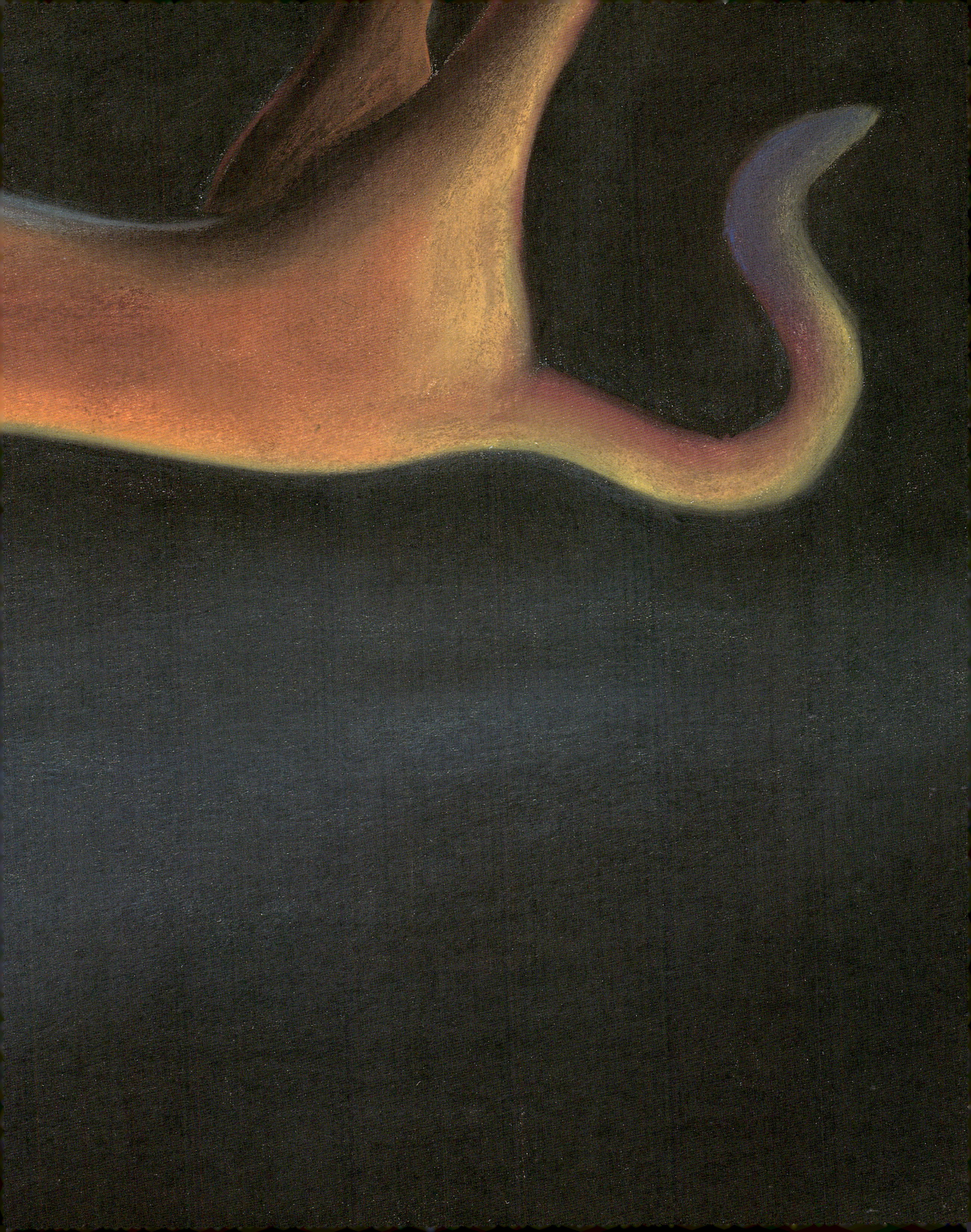

Le chat et un vieux rat

J'ai lu chez un conteur de fables
Qu'un second Rodilard, l'Alexandre des chats,
L'Attila, le fléau des rats,
Rendait ces derniers misérables :
J'ai lu, dis-je, en certain auteur,
Que ce chat exterminateur,
Vrai Cerbère, était craint une lieue à la ronde :
Il voulait de souris dépeupler tout le monde.
Les planches qu'on suspend sur un léger appui,
La mort aux rats, les souricières,
N'étaient que jeux au prix de lui.
Comme il voit que dans leurs tanières
Les souris étaient prisonnières,
Qu'elles n'osaient sortir, qu'il avait beau chercher,
Le galant fait le mort, et du haut d'un plancher
Se pend la tête en bas. La bête scélérate
À de certains cordons se tenait par la patte.
Le peuple des souris croit que c'est châtiment,
Qu'il a fait un larcin de rôt ou de fromage,
Égratigné quelqu'un, causé quelque dommage,
Enfin qu'on a pendu le mauvais garnement.
Toutes, dis-je, unanimement
Se promettent de rire à son enterrement,
Mettent le nez à l'air, montrent un peu la tête,
Puis rentrent dans leurs nids à rats,
Puis, ressortant, font quatre pas,
Puis enfin se mettent en quête.

Mais voici bien une autre fête :
Le pendu ressuscite, et sur ses pieds tombant,
Attrape les plus paresseuses.
Nous en savons plus d'un, dit-il en les gobant :
C'est tour de vieille guerre, et vos cavernes creuses
Ne vous sauveront pas, je vous en avertis ;
Vous viendrez toutes au logis.
Il prophétisait vrai : notre maître Mitis
Pour la seconde fois les trompe et les affine,
Blanchit sa robe et s'enfarine,
Et de la sorte déguisé,
Se niche et se blottit dans une huche ouverte.
Ce fut à lui bien avisé :
La gent trotte-menu s'en vient chercher sa perte.

Un rat sans plus s'abstient d'aller flairer autour :
C'était un vieux routier : il savait plus d'un tour ;
Même il avait perdu sa queue à la bataille.

Ce bloc enfariné ne me dit rien qui vaille,
S'écria-t-il de loin au général des chats.
Je soupçonne dessous encor quelque machine.
Rien ne te sert d'être farine ;
Car, quand tu serais sac, je n'approcherais pas.
C'était bien dit à lui ; j'approuve sa prudence :
Il était expérimenté,
Et savait que la méfiance
Est mère de la sûreté.

Le lion amoureux

À Mademoiselle de Sévigné

Sévigné de qui les attraits
Servent aux grâces de modèle,
Et qui naquîtes toute belle,
À votre indifférence près,
Pourriez-vous être favorable
Aux jeux innocents d'une fable,
Et voir sans vous épouvanter
Un lion qu'amour sut dompter ?
Amour est un étrange maître.
Heureux qui peut ne le connaître
Que par récit, lui ni ses coups !
Quand on en parle devant vous,
Si la vérité vous offense,
La fable au moins se peut souffrir :
Celle-ci prend bien l'assurance
De venir à vos pieds s'offrir,
Par zèle et par reconnaissance.

Du temps que les bêtes parlaient,
Les lions, entre autres, voulaient
Être admis dans notre alliance.
Pourquoi non ? Puisque leur engeance
Valait la nôtre en ce temps-là,
Ayant courage, intelligence,
Et belle hure outre cela.
Voici comment il en alla.
Un lion de haut parentage,
En passant par un certain pré,
Rencontra bergère à son gré :
Il la demanda en mariage.
Le père aurait fort souhaité
Quelque gendre un peu moins terrible.

La donner lui semblait bien dur ;
La refuser n'était pas sûr ;
Même un refus eût fait possible
Qu'on eût vu quelque beau matin
Un mariage clandestin.
Car outre qu'en toute manière
La belle était pour les gens fiers,

Fille se coiffe volontiers
D'amoureux à longue crinière.
Le père donc, ouvertement
N'osant renvoyer notre amant,
Lui dit : Ma fille est délicate ;
Vos griffes la pourront blesser,
Quand vous voudrez la caresser.
Permettez donc qu'à chaque patte
On vous les rogne, et pour les dents,
Qu'on vous les lime en même temps.
Vos baisers en seront moins rudes,
Et pour vous plus délicieux ;
Car ma fille y répondra mieux,
Étant sans ces inquiétudes.
Le lion consent à cela,
Tant son âme était aveuglée !
Sans dents ni griffes le voilà,
Comme place démantelée.
On lâcha sur lui quelques chiens :
Il fit fort peu de résistance.
Amour, amour, quand tu nous tiens
On peut bien dire : Adieu prudence.

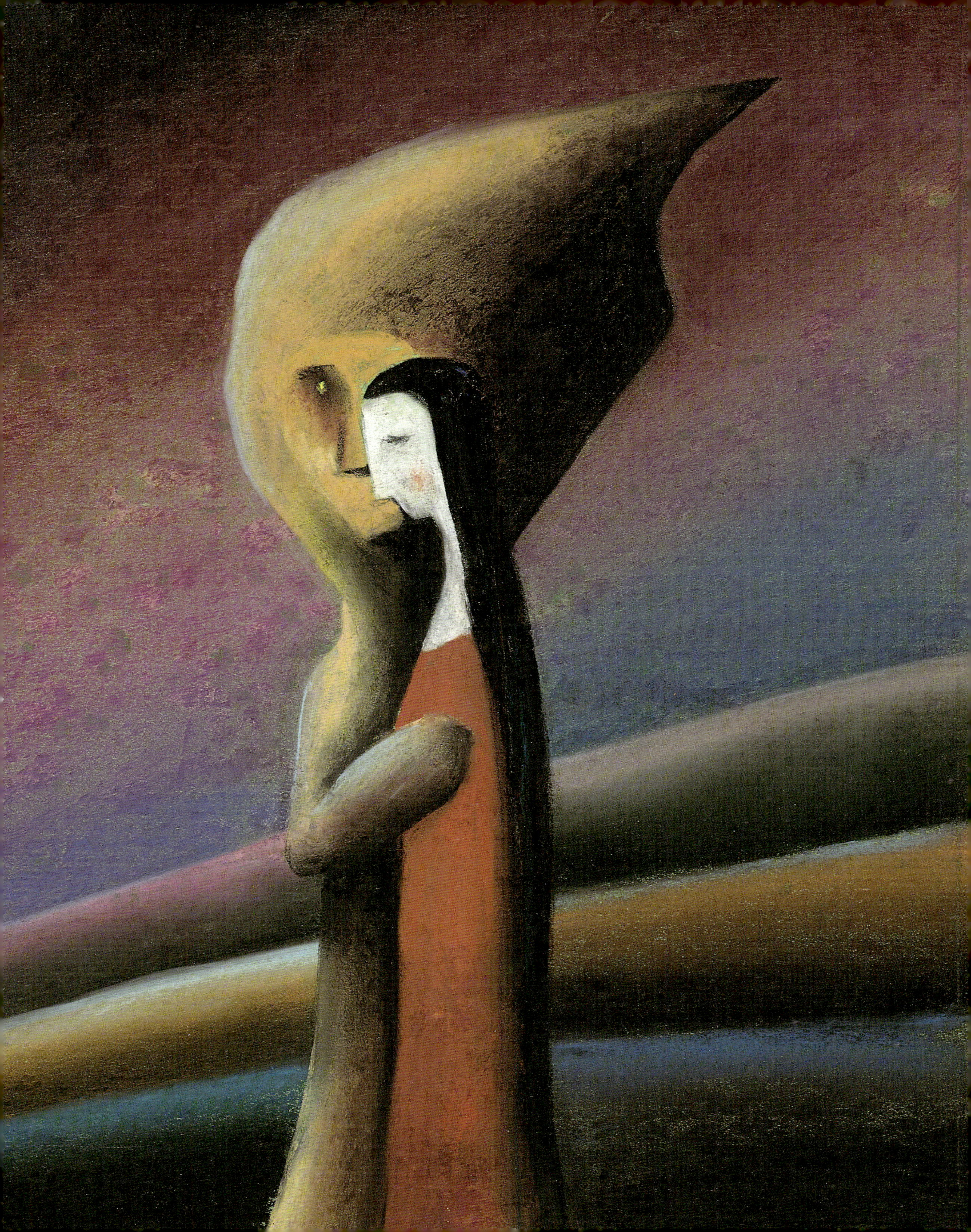

Le singe et le dauphin

C'était chez les Grecs un usage
Que sur la mer tous voyageurs
Menaient avec eux en voyage
Singes et chiens de bateleurs.
Un navire en cet équipage
Non loin d'Athènes fit naufrage.
Sans les dauphins tout eût péri.
Cet animal est fort ami
De notre espèce : en son histoire
Pline le dit, il faut le croire.
Il sauva donc tout ce qu'il put.
Même un singe en cette occurrence,
Profitant de la ressemblance,
Lui pensa devoir son salut.
Un dauphin le prit pour un homme,
Et sur son dos le fit asseoir
Si gravement qu'on eût cru voir
Ce chanteur que tant on renomme*.

Le dauphin l'allait mettre à bord,
Quand par hasard il lui demande :
Êtes-vous d'Athènes la grande ?
– Oui, dit l'autre, on m'y connaît fort ;
S'il vous y survient quelque affaire,
Employez-moi ; car mes parents
Y tiennent tous les premiers rangs :
Un mien cousin est juge-maire.
Le dauphin dit : bien grand merci :
Et le Pirée* a part aussi
À l'honneur de votre présence ?
Vous le voyez souvent ? je pense.
– Tous les jours : il est mon ami,
C'est une vieille connaissance.
Notre magot prit pour ce coup
Le nom d'un port pour un nom d'homme.
De telles gens il est beaucoup
Qui prendraient Vaugirard pour Rome,
Et qui, caquetant au plus dru,
Parlent de tout et n'ont rien vu.

Le dauphin rit, tourne la tête,
Et, le magot considéré,
Il s'aperçoit qu'il n'a tiré
Du fond des eaux rien qu'une bête.
Il l'y replonge, et va trouver
Quelque homme afin de le sauver.

* Arion, menacé par les matelots, fut sauvé par un dauphin
 qui l'avait entendu chanter.
* Port d'Athènes

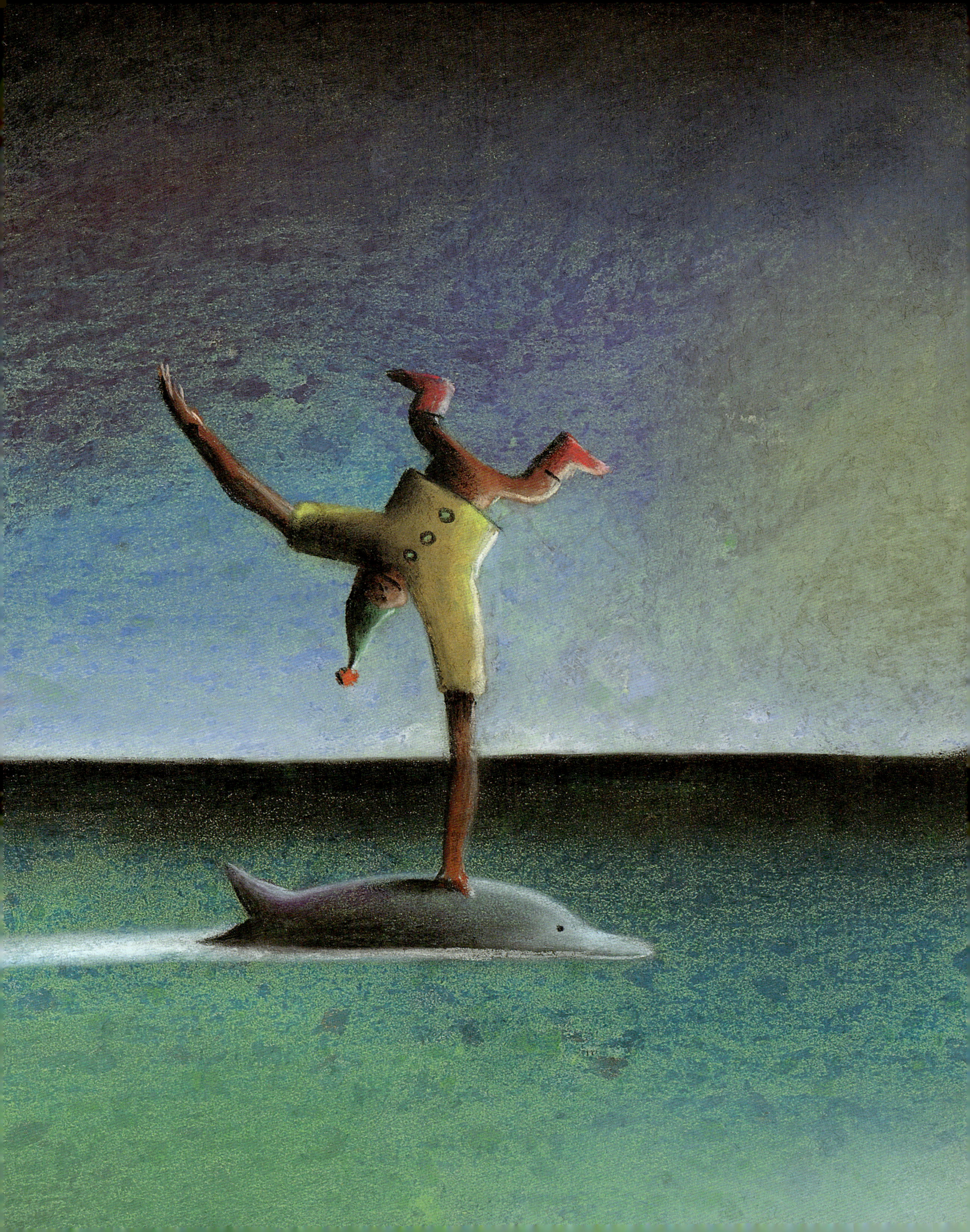

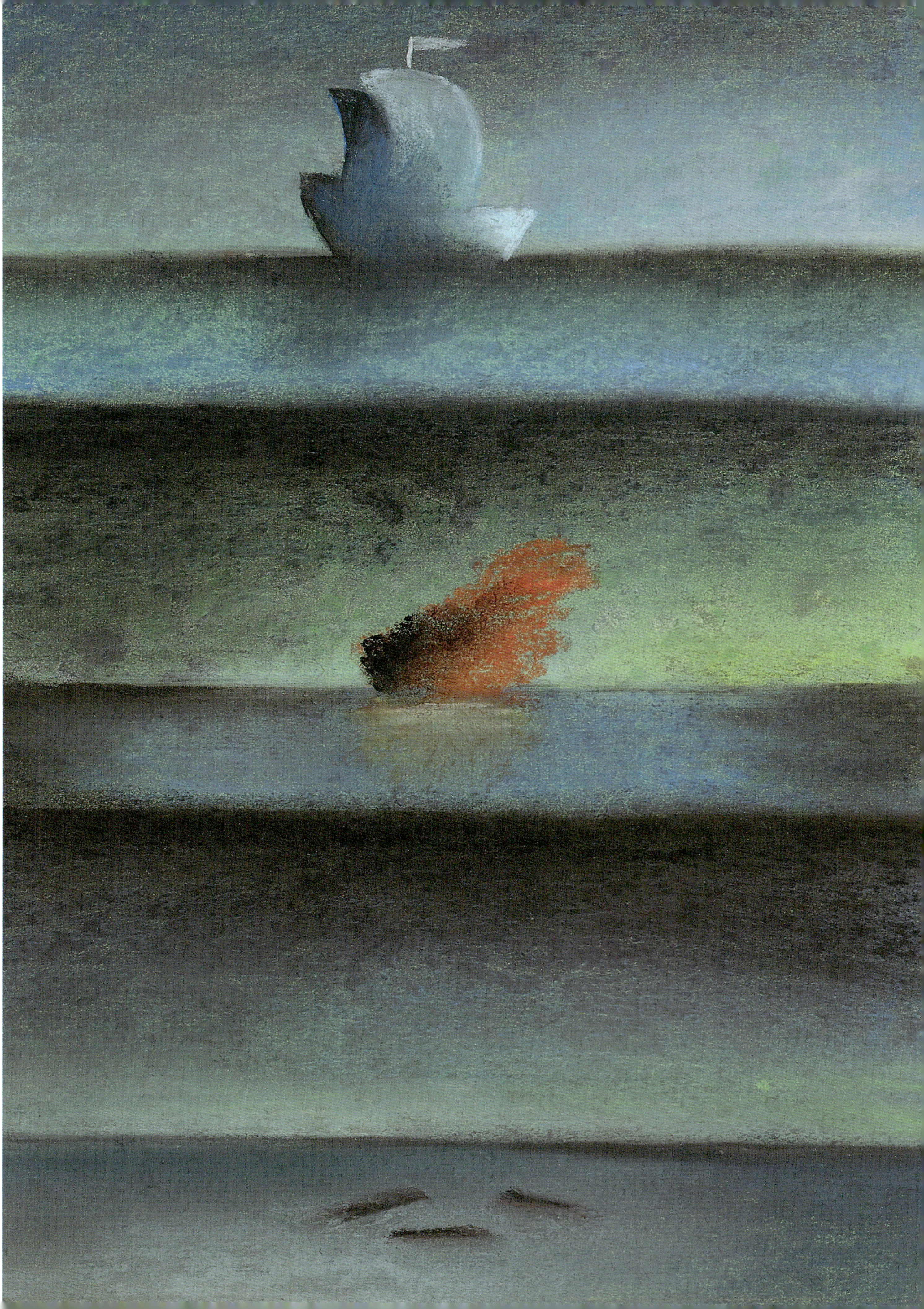

Le chameau et les bâtons flottants

Le premier qui vit un chameau
S'enfuit à cet objet nouveau ;
Le second approcha ; le troisième osa faire
Un licou pour le dromadaire.
L'accoutumance ainsi nous rend tout familier.
Ce qui nous paraissait terrible et singulier
S'apprivoise avec notre vue,
Quand ce vient à la continue.
Et puisque nous voici tombés sur ce sujet,
On avait mis des gens au guet,
Qui, voyant sur les eaux de loin certain objet,
Ne purent s'empêcher de dire
Que c'était un puissant navire.
Quelques moments après, l'objet devint brûlot,
Et puis nacelle, et puis ballot,
Enfin bâtons flottant sur l'onde.
J'en sais beaucoup de par le monde
À qui ceci conviendrait bien :
De loin c'est quelque chose, et de près ce n'est rien.

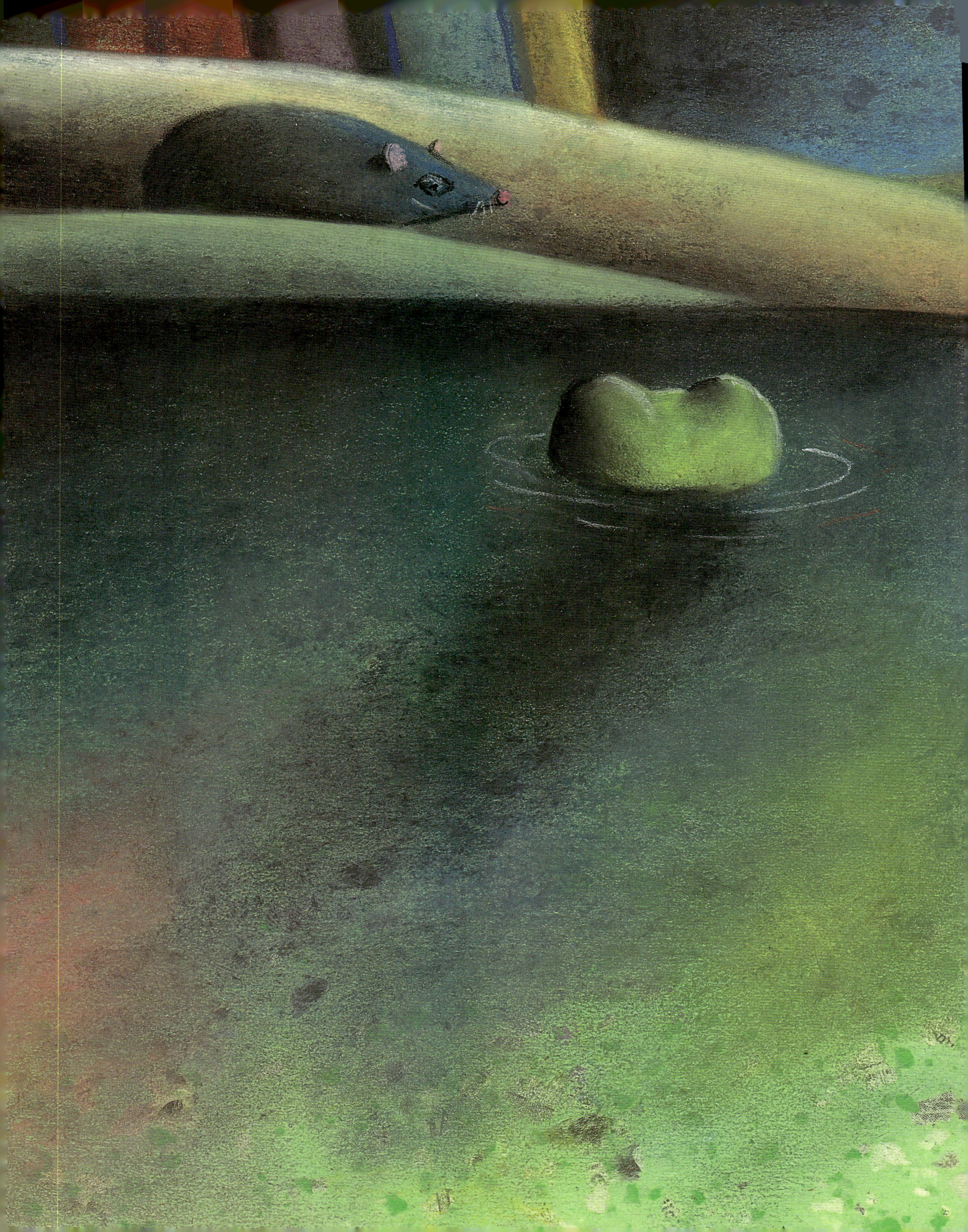

La grenouille et le rat

Tel, comme dit Merlin, cuide engeigner autrui,
Qui souvent s'engeigne soi-même.
J'ai regret que ce mot soit trop vieux aujourd'hui :
Il m'a toujours semblé d'une énergie extrême.
Mais afin d'en venir au dessein que j'ai pris,
Un rat plein d'embonpoint, gras, et des mieux nourris,
Et qui ne connaissait l'Avent ni le Carême,
Sur le bord d'un marais égayait ses esprits.
Une grenouille approche, et lui dit en sa langue :
Venez me voir chez moi, je vous ferai festin.
Messire rat promit soudain :
Il n'était pas besoin de plus longue harangue.
Elle allégua pourtant les délices du bain,
La curiosité, le plaisir du voyage,
Cent raretés à voir le long du marécage :
Un jour il conterait à ses petits-enfants
Les beautés de ces lieux, les mœurs des habitants,
Et le gouvernement de la chose publique
Aquatique.
Un point sans plus tenait le galant empêché :
Il nageait quelque peu ; mais il fallait de l'aide.
La grenouille à cela trouve un très bon remède :
Le rat fut à son pied par la patte attaché ;
Un brin de jonc en fit l'affaire.

Dans le marais entrés, notre bonne commère
S'efforce de tirer son hôte au fond de l'eau,
Contre le droit des gens, contre la foi jurée ;
Prétend qu'elle en fera gorge chaude et curée ;
(C'était, à son avis, un excellent morceau).
Déjà dans son esprit la galante le croque.
Il atteste les dieux ; la perfide s'en moque.
Il résiste ; elle tire. En ce combat nouveau,
Un milan qui dans l'air planait, faisant la ronde,
Voit d'en haut le pauvret se débattant sur l'onde.
Il fond dessus, l'enlève, et, par même moyen
La grenouille et le lien.
Tout en fut ; tant et si bien,
Que de cette double proie
L'oiseau se donne au coeur joie,
Ayant de cette façon
À souper chair et poisson.

La ruse la mieux ourdie
Peut nuire à son inventeur ;
Et souvent la perfidie
Retourne sur son auteur.

Le cheval s'étant voulu venger du cerf

De tout temps les chevaux ne sont nés pour les hommes.
Lorsque le genre humain de gland se contentait,
Âne, cheval et mule aux forêts habitaient ;
Et l'on ne voyait point, comme au siècle où nous sommes,
Tant de selles et tant de bâts,
Tant de harnais pour les combats,
Tant de chaises, tant de carrosses,
Comme aussi ne voyait-on pas
Tant de festins et tant de noces.
Or un cheval eut alors différend
Avec un cerf plein de vitesse,
Et ne pouvant l'attraper en courant,
Il eut recours à l'homme, implora son adresse.
L'homme lui mit un frein, lui sauta sur le dos,
Ne lui donna point de repos
Que le cerf ne fût pris, et n'y laissât la vie ;
Et cela fait, le cheval remercie
L'homme son bienfaiteur, disant : Je suis à vous ;
Adieu. Je m'en retourne en mon séjour sauvage.
– Non pas cela, dit l'homme ; il fait meilleur chez nous :
Je vois trop quel est votre usage.
Demeurez donc ; vous serez bien traité,
Et jusqu'au ventre en la litière.
Hélas ! que sert la bonne chère
Quand on n'a pas la liberté ?
Le cheval s'aperçut qu'il avait fait folie ;
Mais il n'était plus temps : déjà son écurie
Était prête et toute bâtie.
Il y mourut en traînant son lien.
Sage s'il eût remis une légère offense.
Quel que soit le plaisir que cause la vengeance,
C'est l'acheter trop cher, que l'acheter d'un bien
Sans qui les autres ne sont rien.

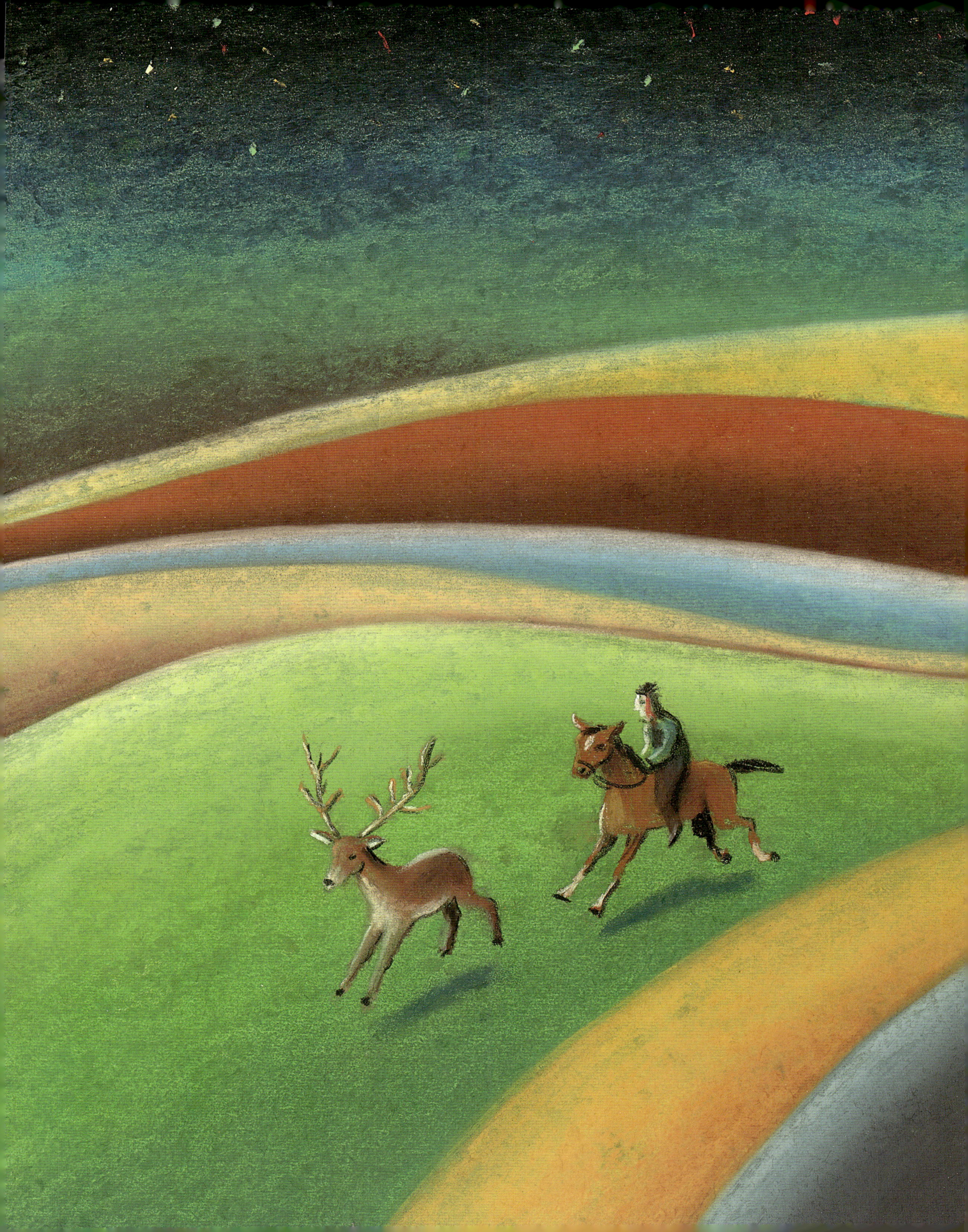

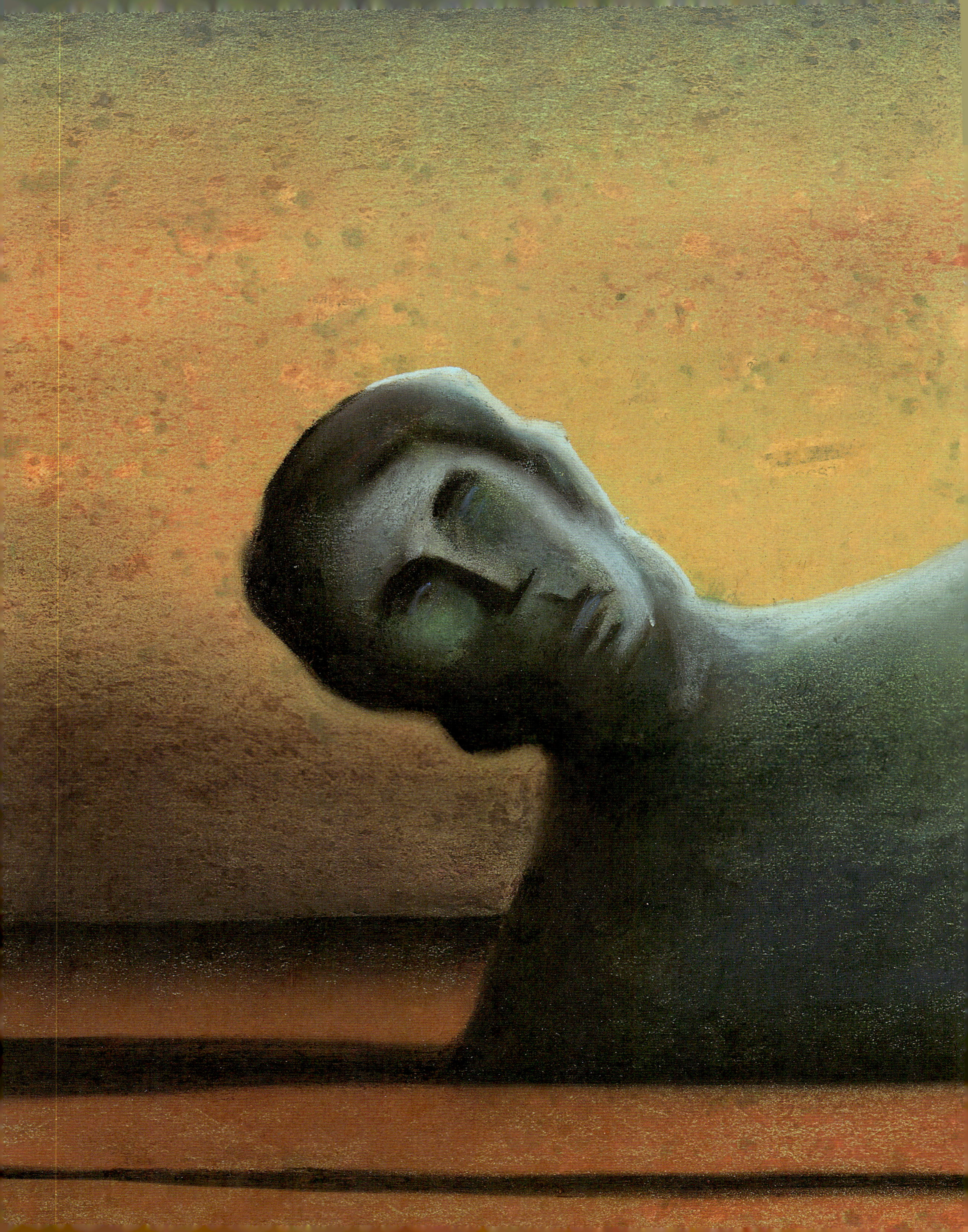

Le renard et le buste

Les grands, pour la plupart, sont masques de théâtre ;
Leur apparence impose au vulgaire idolâtre.
L'âne n'en sait juger que par ce qu'il en voit.
Le renard au contraire à fond les examine,
Les tourne de tout sens ; et quand il s'aperçoit
Que leur fait n'est que bonne mine,
Il leur applique un mot qu'un buste de héros
Lui fit dire fort à propos.
C'était un buste creux, et plus grand que nature.
Le renard, en louant l'effort de la sculpture :
Belle tête ; dit-il, mais de cervelle point.

Combien de grands seigneurs sont bustes en ce point ?

Le loup, la chèvre et le chevreau

La bique, allant remplir sa traînante mamelle,
Et paître l'herbe nouvelle,
Ferma sa porte au loquet,
Non sans dire à son biquet :
Gardez-vous sur votre vie
D'ouvrir que l'on ne vous die,
Pour enseigne et mot du guet :
Foin du loup et de sa race !
Comme elle disait ces mots,
Le loup de fortune, passe ;
Il les recueille à propos,
Et les garde en sa mémoire,
La bique, comme on peut croire,
N'avait pas vu le glouton.
Dès qu'il la voit partie, il contrefait son ton,
Et d'une voix papelarde
Il demande qu'on ouvre, en disant : Foin du loup,
Et croyant entrer tout d'un coup.
Le biquet soupçonneux par la fente regarde.
Montrez-moi patte blanche, ou je n'ouvrirai point,
S'écria-t-il d'abord. (Patte blanche est un point
Chez les loups, comme on sait, rarement en usage).
Celui-ci, fort surpris d'entendre ce langage,
Comme il était venu s'en retourna chez soi.
Où serait le biquet s'il eût ajouté foi
Au mot du guet, que de fortune
Notre loup avait entendu ?

Deux sûretés valent mieux qu'une,
Et le trop en cela ne fut jamais perdu.

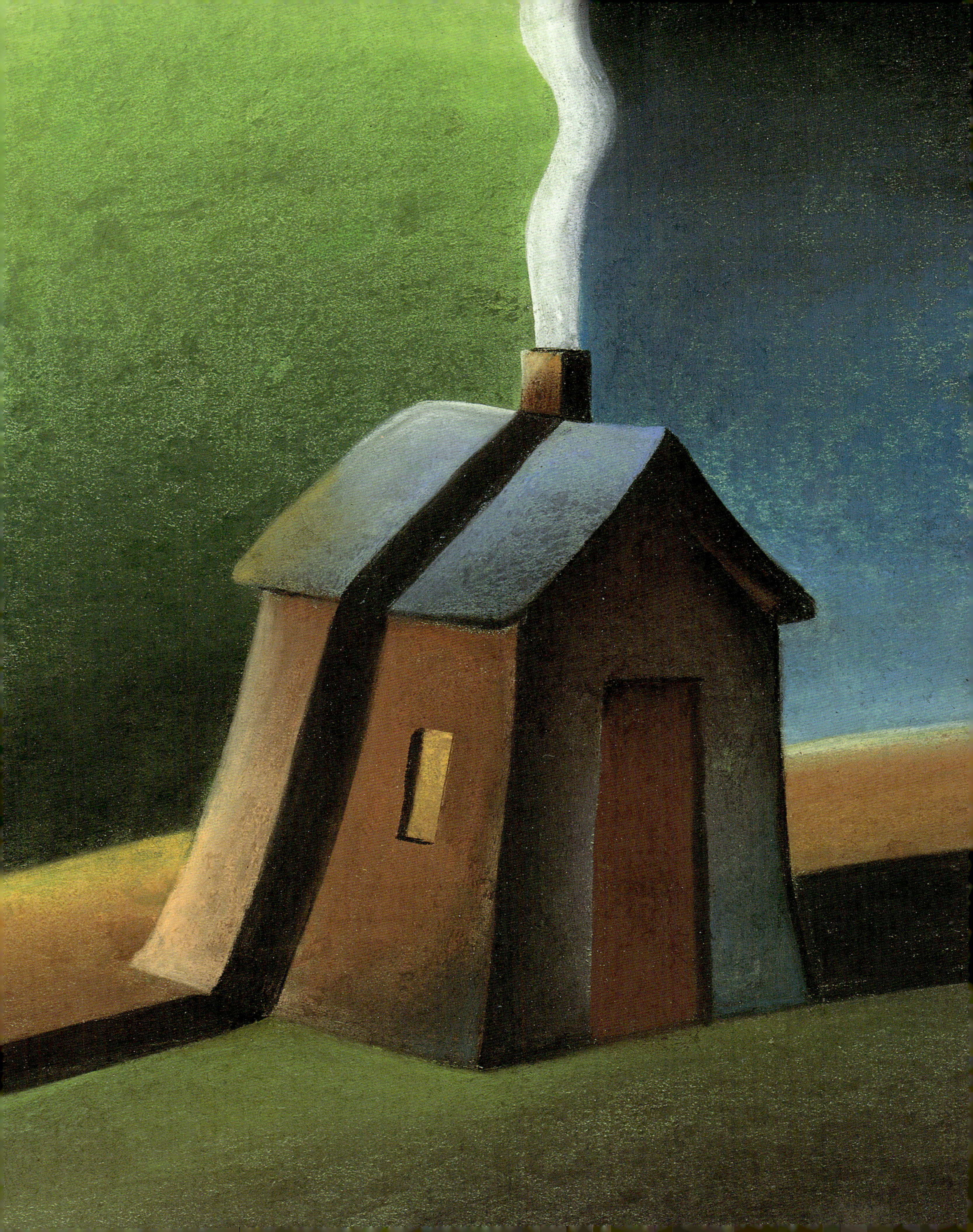

Le pot de terre et le pot de fer

Le pot de fer proposa
Au pot de terre un voyage.
Celui-ci s'en excusa,
Disant qu'il ferait que sage
De garder le coin du feu :
Car il lui fallait si peu,
Si peu, que la moindre chose
De son débris serait cause.
Il n'en reviendrait morceau.
Pour vous, dit-il, dont la peau
Est plus dure que la mienne,
Je ne vois rien qui vous tienne.
– Nous vous mettrons à couvert,
Repartit le pot de fer.
Si quelque matière dure
Vous menace d'aventure,
Entre deux je passerai,
Et du coup vous sauverai.
Cette offre le persuade.
Pot de fer son camarade
Se met droit à ses côtés.
Mes gens s'en vont à trois pieds,
Clopin-clopant comme ils peuvent,
L'un contre l'autre jetés
Au moindre hoquet* qu'ils treuvent.
Le pot de terre en souffre ; il n'eut pas fait cent pas
Que par son compagnon il fut mis en éclats,
Sans qu'il eût lieu de se plaindre.

Ne nous associons qu'avecque nos égaux ;
Ou bien il nous faudra craindre
Le destin d'un de ces pots.

* à la moindre secousse

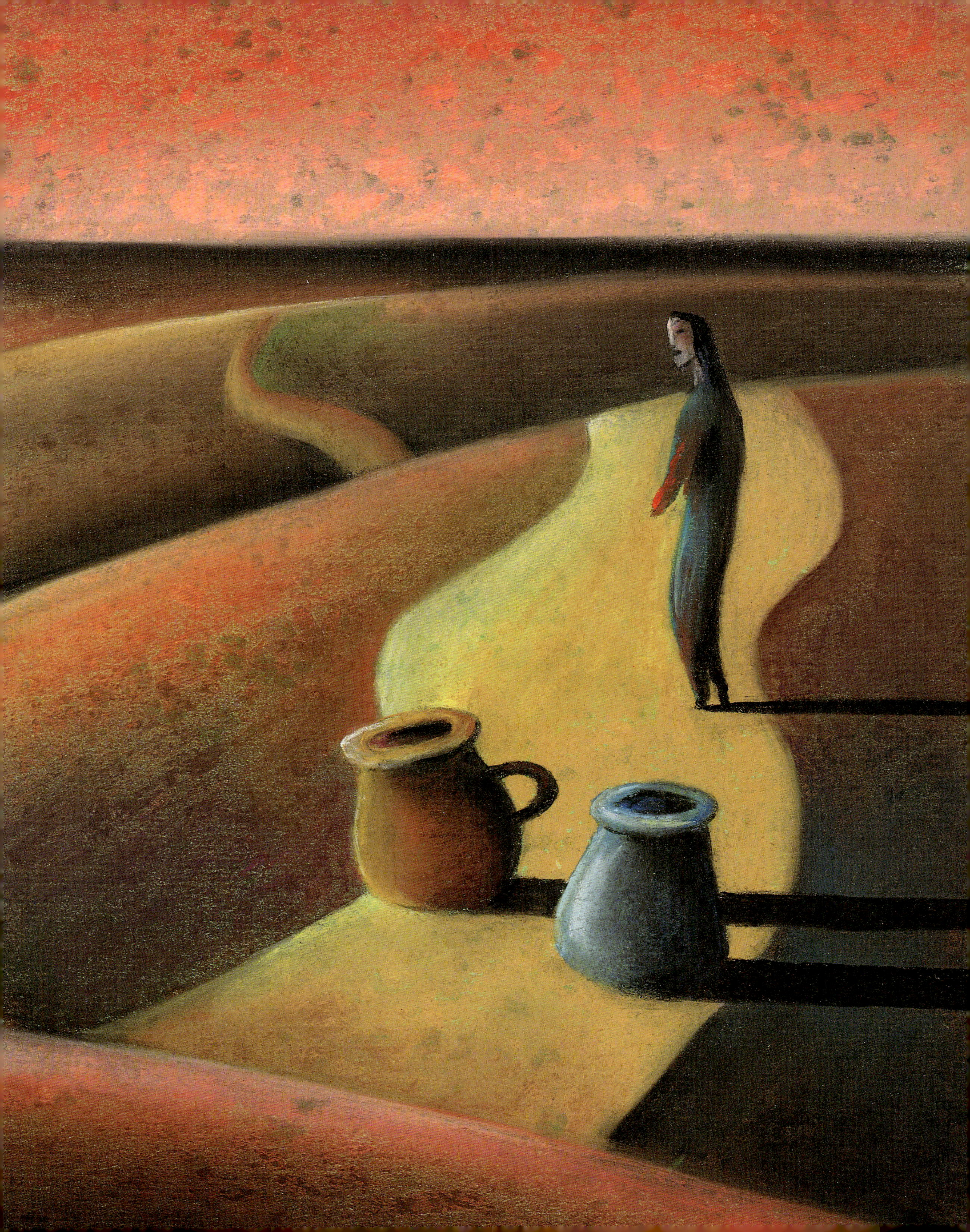

Le petit poisson et le pêcheur

Petit poisson deviendra grand,
Pourvu que Dieu lui prête vie.
Mais le lâcher en attendant,
Je tiens pour moi que c'est folie ;
Car de le rattraper il n'est pas trop certain.
Un carpeau qui n'était encore que fretin
Fut pris pas un pêcheur au bord d'une rivière.
Tout fait nombre, dit l'homme, en voyant son butin ;
Voilà commencement de chère et de festin :
Mettons-le en notre gibecière.
Le pauvre carpillon lui dit en sa manière :
Que ferez-vous de moi ? Je ne saurais fournir
Au plus qu'une demi-bouchée ;
Laissez-moi carpe devenir :
Je serai par vous repêchée.
Quelque gros partisan m'achètera bien cher,
Au lieu qu'il vous en faut chercher
Peut-être encor cent de ma taille
Pour faire un plat. Quel plat ? Croyez-moi ; rien qui vaille.
– Rien qui vaille ? Eh bien, soit, repartit le pêcheur ;
Poisson, mon bel ami, qui faites le prêcheur,
Vous irez dans la poêle ; et vous avez beau dire,
Dès ce soir on vous fera frire.

Un tiens vaut, ce dit-on, mieux que deux tu l'auras :
L'un est sûr, l'autre ne l'est pas.

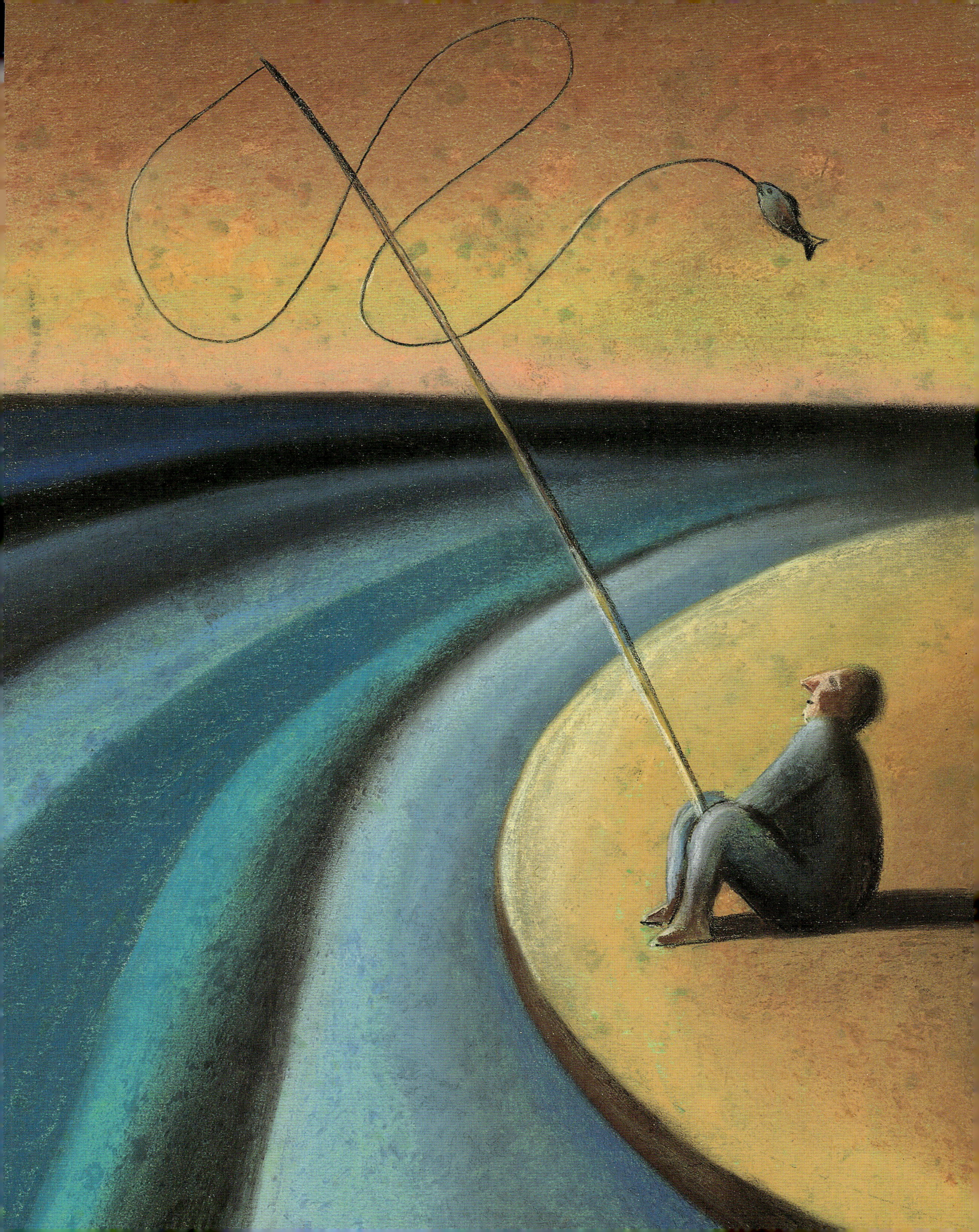

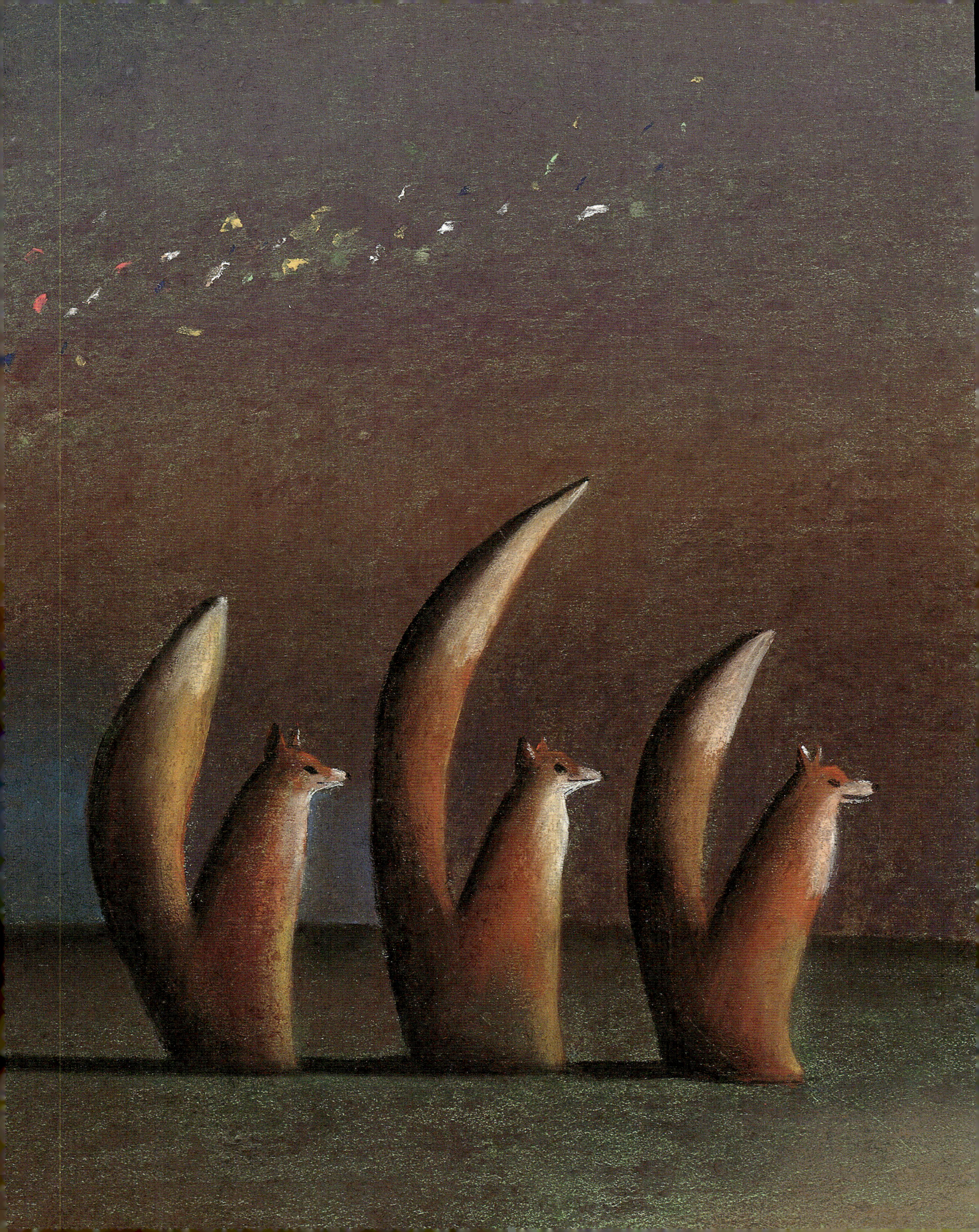

Le renard ayant la queue coupée

Un vieux renard, mais des plus fins,
Grand croqueur de poulets, grand preneur de lapins,
Sentant son renard d'une lieue,
Fut enfin au piège attrapé.
Par grand hasard en étant échappé,
Non pas franc, car pour gage il y laissa sa queue :
S'étant, dis-je, sauvé sans queue et tout honteux,
Pour avoir des pareils (comme il était habile),
Un jour que les renards tenaient conseil entre eux :
Que faisons-nous, dit-il, de ce poids inutile,
Et qui va balayant tous les sentiers fangeux ?
Que nous sert cette queue ? Il faut qu'on se la coupe :
Si l'on me croit, chacun s'y résoudra.
– Votre avis est fort bon, dit quelqu'un de la troupe ;
Mais tournez-vous, de grâce, et l'on vous répondra.
À ces mots, il se fit une telle huée,
Que le pauvre écourté ne put être entendu.
Prétendre ôter la queue eût été temps perdu ;
La mode en fut continuée.

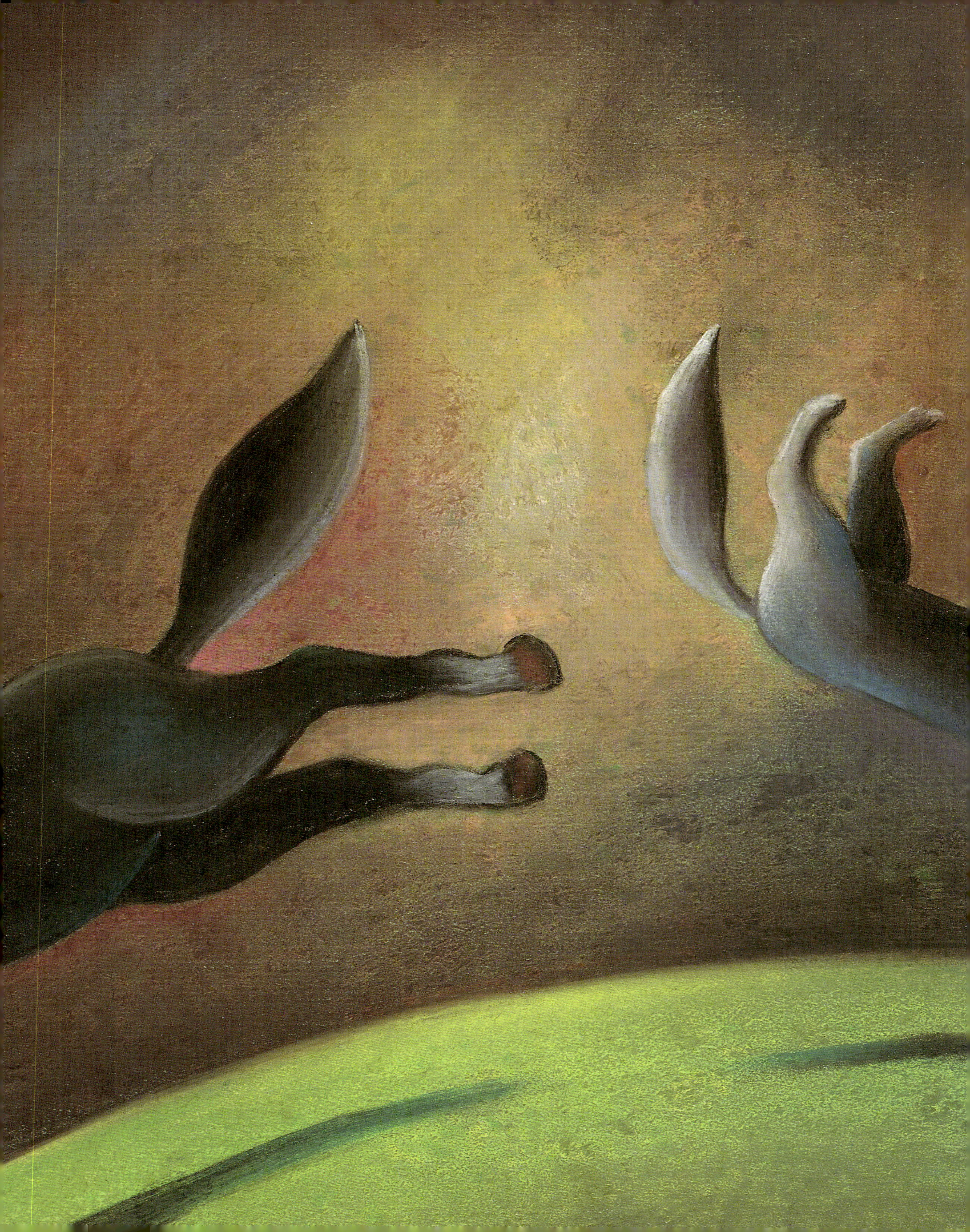

Le cheval et le loup

Un certain loup, dans la saison
Que les tièdes zéphyrs ont l'herbe rajeunie,
Et que les animaux quittent tous la maison,
Pour s'en aller chercher leur vie ;
Un loup, dis-je, au sortir des rigueurs de l'hiver,
Aperçut un cheval qu'on avait mis au vert.
Je laisse à penser quelle joie !
Bonne chasse, dit-il, qui l'aurait à son croc.
Eh ! que n'es-tu mouton ? car tu me serais hoc* :
Au lieu qu'il faut ruser pour avoir cette proie.
Rusons donc. Ainsi dit, il vient à pas comptés,
Se dit écolier d'Hippocrate ;
Qu'il connaît les vertus et les propriétés
De tous les simples de ces prés,
Qu'il sait guérir, sans qu'il se flatte,
Toutes sortes de maux. Si dom coursier voulait
Ne point celer sa maladie,
Lui loup gratis le guérirait.
Car le voir en cette prairie
Paître ainsi, sans être lié
Témoignait quelque mal, selon la médecine.
J'ai, dit la bête chevaline,
Un apostume sous le pied.
– Mon fils, dit le docteur, il n'est point de partie
Susceptible de tant de maux.
J'ai l'honneur de servir nos seigneurs les chevaux,
Et fais aussi la chirurgie.
Mon galant ne songeait qu'à bien prendre son temps,
Afin de happer son malade.
L'autre, qui s'en doutait, lui lâche une ruade,
Qui vous lui met en marmelade
Les mandibules et les dents.
C'est bien fait, dit le loup en soi-même, fort triste ;
Chacun à son métier doit toujours s'attacher.
Tu veux faire ici l'arboriste*,
Et ne fus jamais que boucher.

* Tu me serais assuré. Cette expression vient du jeu de cartes.
* On disait alors arboriste comme herboriste.

La poule aux œufs d'or

L'avarice perd tout en voulant tout gagner.
Je ne veux, pour le témoigner,
Que celui dont la poule, à ce que dit la fable,
Pondait tous les jours un œuf d'or.
Il crut que dans son corps elle avait un trésor.
Il la tua, l'ouvrit, et la trouva semblable
À celles dont les œufs ne lui rapportaient rien,
S'étant lui-même ôté le plus beau de son bien.
Belle leçon pour les gens chiches :
Pendant ces derniers temps, combien en a-t-on vus
Qui du soir au matin sont pauvres devenus
Pour vouloir trop tôt être riches ?

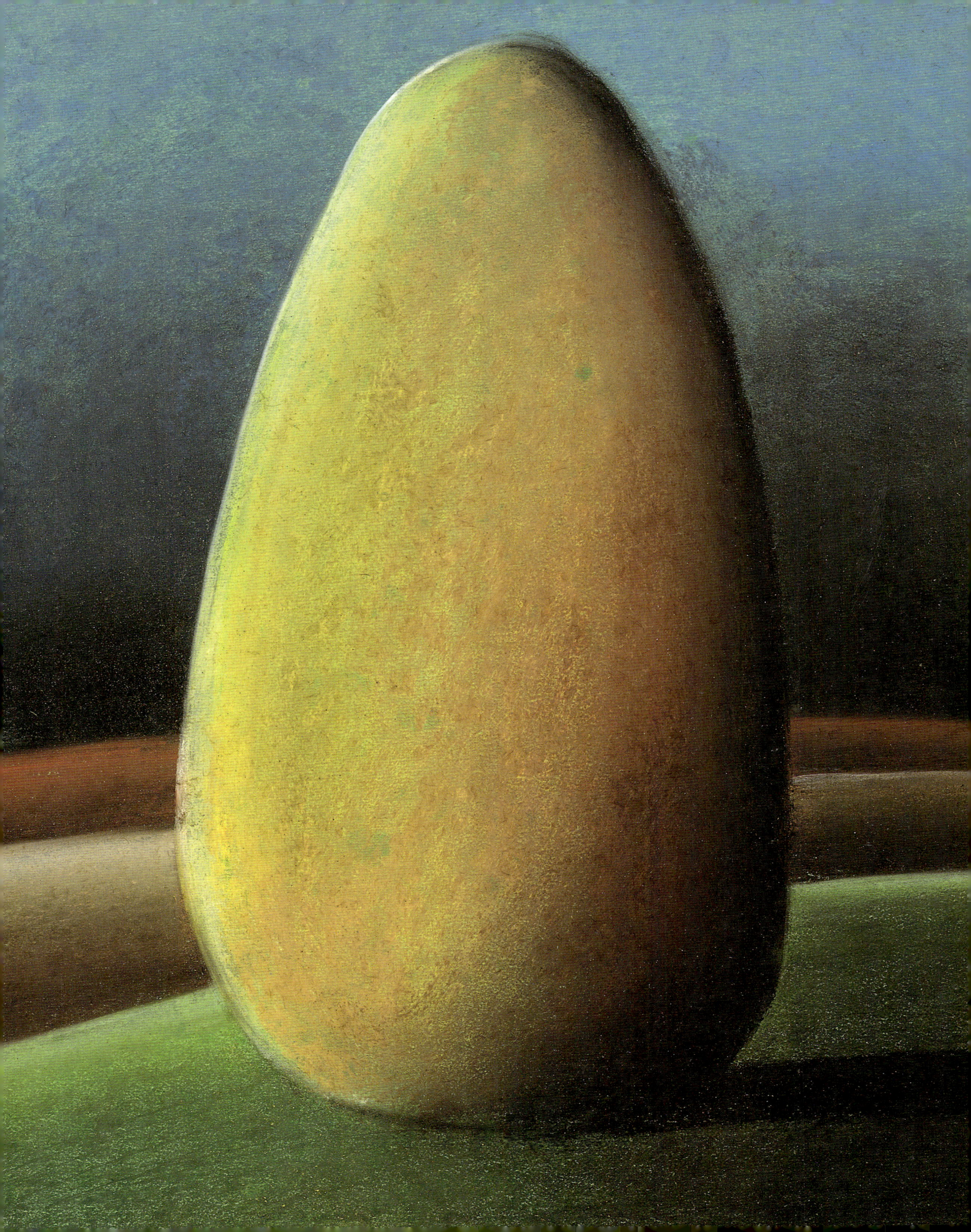

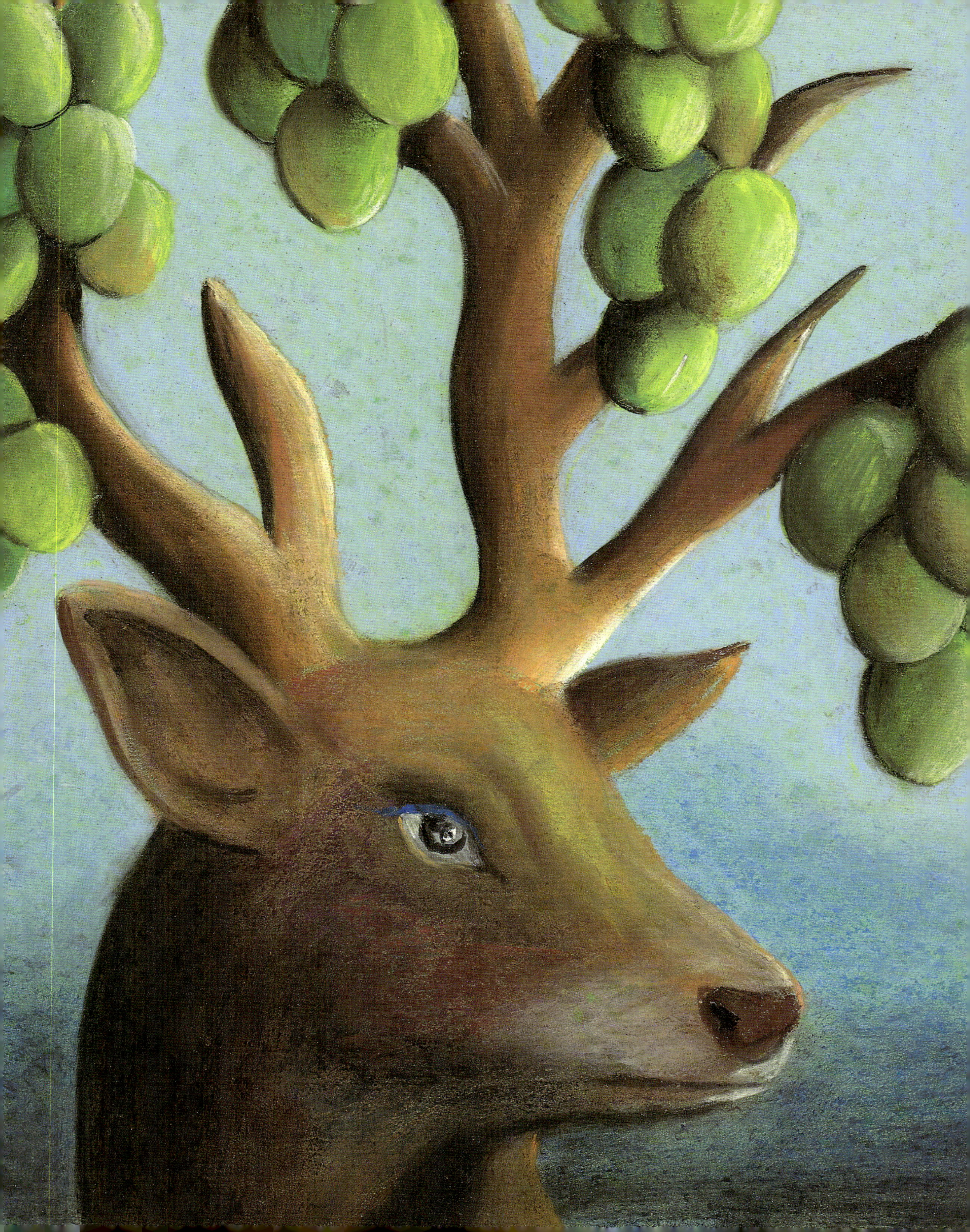

Le cerf et la vigne

Un cerf, à la faveur d'une vigne fort haute
Et telle qu'on en voit en de certains climats,
S'étant mis à couvert et sauvé du trépas,
Les veneurs pour ce coup croyaient leurs chiens en faute.
Ils les rappellent donc. Le cerf hors de danger
Broute sa bienfaitrice, ingratitude extrême !
On l'entend, on retourne, on le fait déloger,
Il vient mourir en ce lieu même.
J'ai mérité, dit-il, ce juste châtiment :
Profitez-en, ingrats. Il tombe en ce moment.
La meute en fait curée. Il lui fut inutile
De pleurer aux veneurs à sa mort arrivés.

Vraie image de ceux qui profanent l'asile
Qui les a conservés.

L'aigle et le hibou

L'aigle et le chat-huant leurs querelles cessèrent,
Et firent tant qu'ils s'embrassèrent.
L'un jura foi de roi, l'autre foi de hibou,
Qu'ils ne se goberaient leurs petits peu ni prou.
Connaissez-vous les miens ? dit l'oiseau de Minerve.
– Non, dit l'aigle. – Tant pis, reprit le triste oiseau.
Je crains en ce cas pour leur peau :
C'est hasard si je les conserve.
Comme vous êtes roi, vous ne considérez
Qui ni quoi : rois et dieux mettent, quoi qu'on leur die,
Tout en même catégorie.
Adieu mes nourrissons, si vous les rencontrez.
– Peignez-les-moi, dit l'aigle, ou bien me les montrez.
Je n'y toucherai de ma vie.
Le hibou repartit : Mes petits sont mignons,
Beaux, bien faits, et jolis sur tous leurs compagnons.
Vous les reconnaîtrez sans peine à cette marque.
N'allez pas l'oublier ; retenez-la si bien
Que chez moi la maudite Parque
N'entre point par votre moyen.

Il advint qu'au hibou dieu donna géniture,
De façon qu'un beau soir qu'il était en pâture,
Notre aigle aperçut d'aventure,
Dans les coins d'une roche dure,
Ou dans les trous d'une masure
(Je ne sais pas lequel des deux),
De petits monstres fort hideux,
Rechignés, un air triste, une voix de Mégère.
Ces enfants ne sont pas, dit l'aigle, à notre ami.
Croquons-les. Le galant n'en fit pas à demi.
Ses repas ne sont point repas à la légère.
Le hibou, de retour, ne trouve que les pieds
De ses chers nourrissons, hélas ! pour toute chose.
Il se plaint, et les dieux sont par lui suppliés
De punir le brigand qui de son deuil est cause.
Quelqu'un lui dit alors : N'en accuse que toi
Ou plutôt la commune loi
Qui veut qu'on trouve son semblable
Beau, bien fait, et sur tous aimable.
Tu fis de tes enfants à l'aigle ce portrait ;
En avaient-ils le moindre trait ?

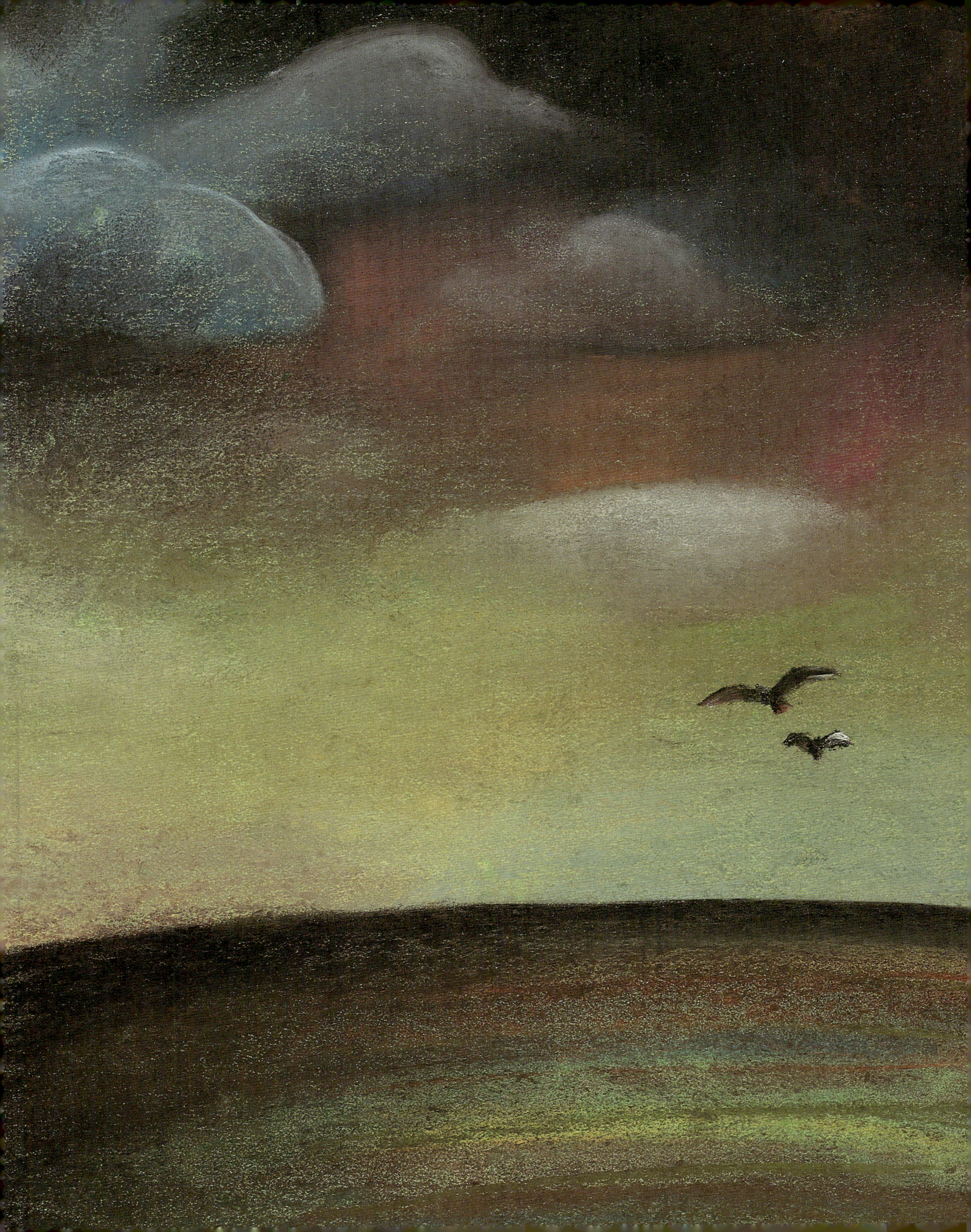

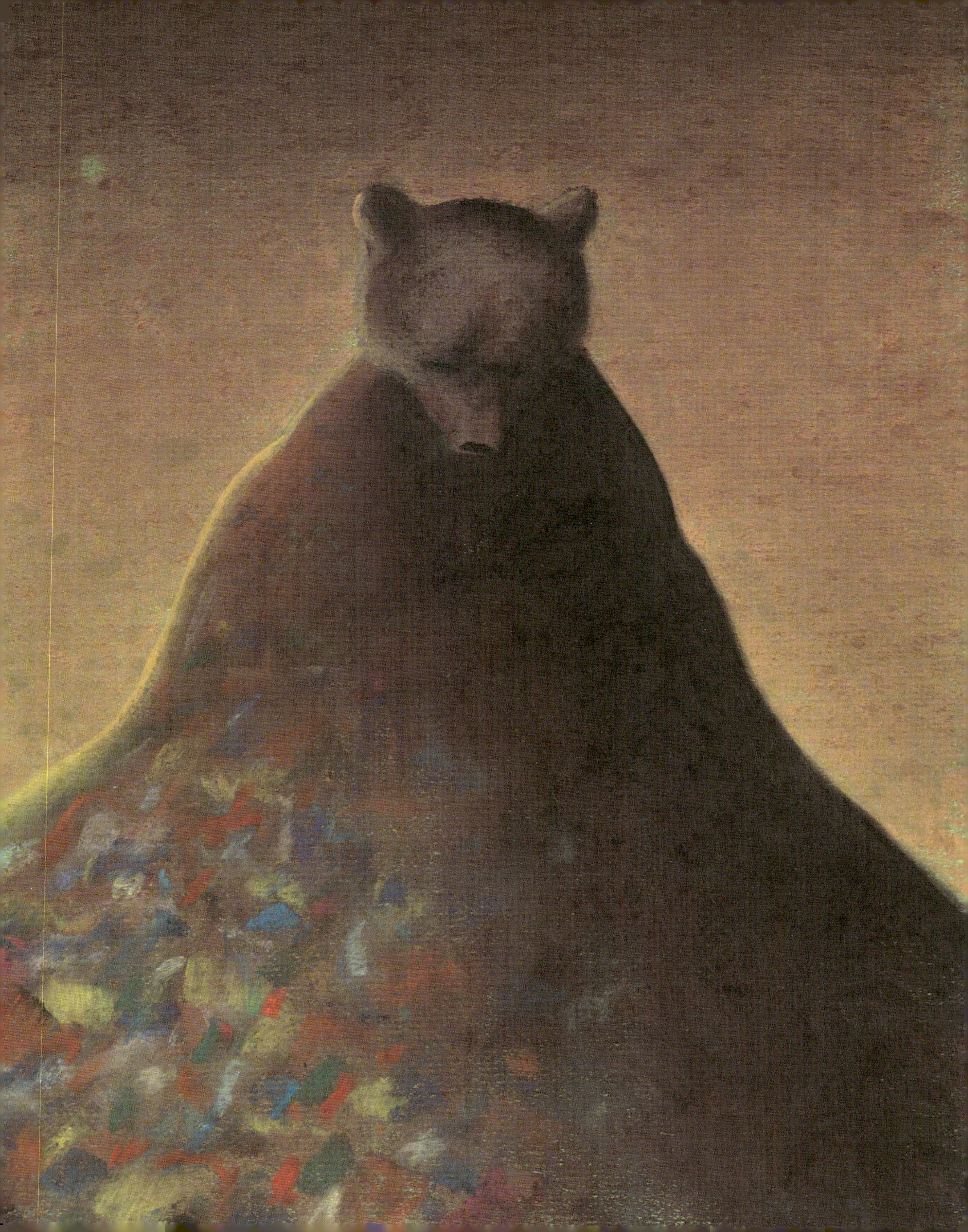

L'ours et les deux compagnons

Deux compagnons pressés d'argent
À leur voisin fourreur vendirent
La peau d'un ours encor vivant,
Mais qu'ils tueraient bientôt, du moins à ce qu'ils dirent.
C'était le roi des ours au compte de ces gens.
Le marchand à sa peau devait faire fortune.
Elle garantirait des froids les plus cuisants,
On en pourrait fourrer plutôt deux robes qu'une.
Dindenaut* prisait moins ses moutons qu'eux leur ours :
Leur, à leur compte, et non à celui de la bête.
S'offrant de la livrer au plus tard dans deux jours,
Ils conviennent de prix, et se mettent en quête,
Trouvent l'ours qui s'avance, et vient vers eux au trot ;
Voilà mes gens frappés comme d'un coup de foudre.
Le marché ne tint pas ; il fallut le résoudre :
D'intérêts contre l'ours, on n'en dit pas un mot.
L'un des deux compagnons grimpe au faîte d'un arbre ;
L'autre, plus froid que n'est un marbre,
Se couche sur le nez, fait le mort, tient son vent,
Ayant quelque part ouï dire
Que l'ours s'acharne peu souvent
Sur un corps qui ne vit, ne meut, ni ne respire.
Seigneur ours, comme un sot, donna dans ce panneau.
Il voit ce corps gisant, le croit privé de vie,
Et de peur de supercherie
Le tourne, le retourne, approche son museau,
Flaire aux passages de l'haleine.
C'est, dit-il, un cadavre ; ôtons-nous, car il sent.
À ces mots, l'ours s'en va dans la forêt prochaine.
L'un de nos deux marchands de son arbre descend,
Court à son compagnon, lui dit que c'est merveille
Qu'il n'ait eu seulement que la peur pour tout mal.
Eh bien, ajouta-t-il, la peau de l'animal ?
Mais que t'a-t-il dit à l'oreille ?
Car il s'approchait de bien près,
Te retournant avec sa serre.
– Il m'a dit qu'il ne faut jamais
Vendre la peau de l'ours qu'on ne l'ait mis par terre.

* Marchand de moutons, dans Rabelais.

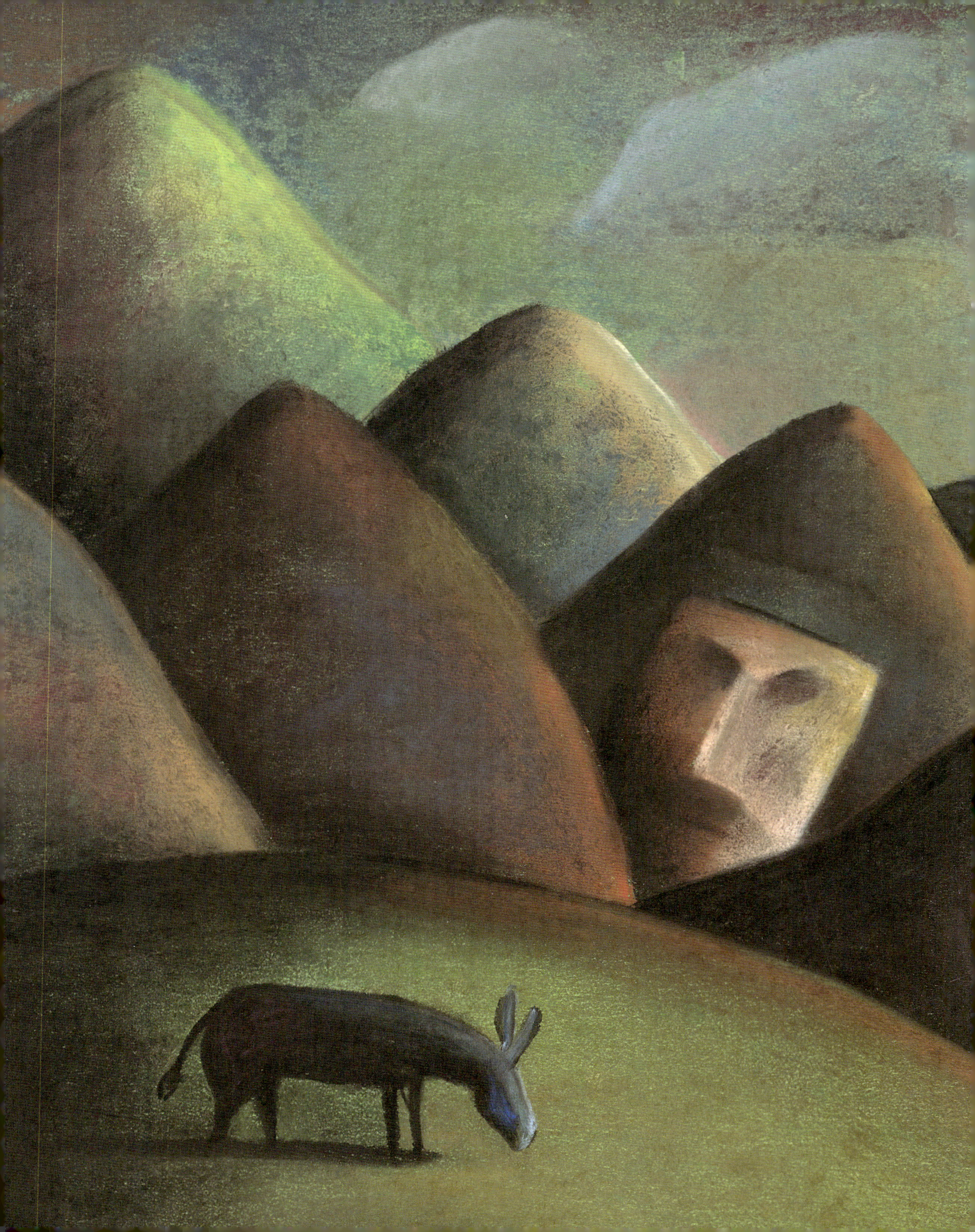

Le vieillard et l'âne

Un vieillard sur son âne aperçut en passant
Un pré plein d'herbe et fleurissant.
Il y lâche sa bête, et le grison se rue
Au travers de l'herbe menue,
Se vautrant, grattant et frottant,
Gambadant, chantant, et broutant,
Et faisant mainte place nette.
L'ennemi vient sur l'entrefaite :
Fuyons, dit alors le vieillard.
– Pourquoi ? répondit le paillard*.
Me fera-t-on porter double bât, double charge ?
– Non pas, dit le vieillard, qui prit d'abord le large.
– Et que m'importe donc, dit l'âne, à qui je sois ?
Sauvez-vous, et me laissez paître :
Notre ennemi, c'est notre maître :
Je vous le dis en bon françois.

* Qui couche sur la paille.

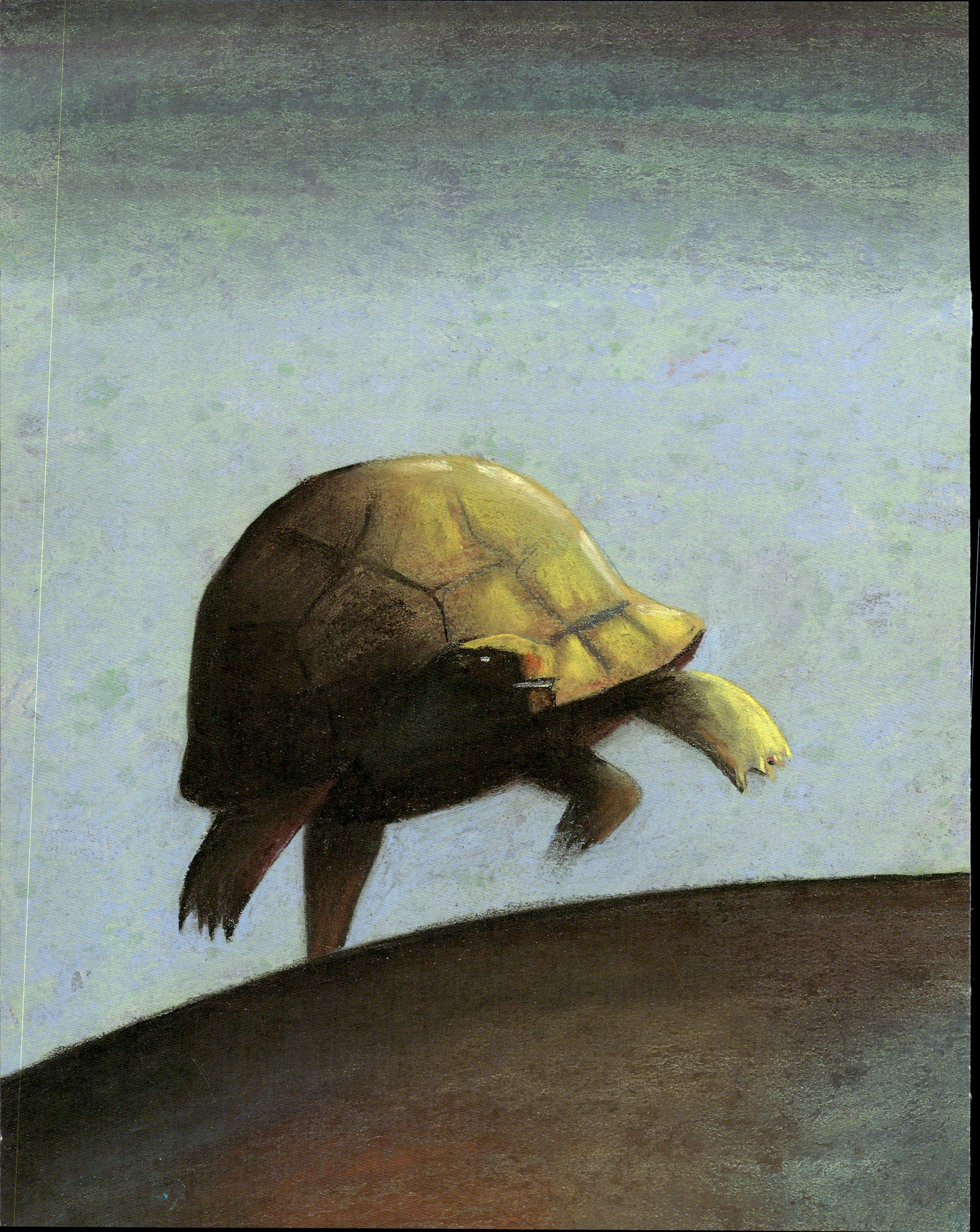

Le lièvre et la tortue

Rien ne sert de courir ; il faut partir à point.
Le lièvre et la tortue en sont un témoignage.
Gageons, dit celle-ci, que vous n'atteindrez point
Sitôt que moi ce but. – Sitôt ? Êtes-vous sage ?
Repartit l'animal léger.
Ma commère, il vous faut purger
Avec quatre grains d'ellébore.
– Sage ou non, je parie encore.
Ainsi fut fait : et de tous deux
On mit près du but les enjeux :
Savoir quoi, ce n'est pas l'affaire,
Ni de quel juge l'on convint.
Notre lièvre n'avait que quatre pas à faire ;
J'entends de ceux qu'il fait lorsque, prêt d'être atteint
Il s'éloigne des chiens, les renvoie aux calendes,
Et leur fait arpenter les landes.
Ayant, dis-je, du temps de reste pour brouter,
Pour dormir, et pour écouter
D'où vient le vent, il laisse la tortue
Aller son train de sénateur.
Elle part, elle s'évertue ;
Elle se hâte avec lenteur.
Lui cependant méprise une telle victoire,
Tient la gageure à peu de gloire,
Croit qu'il y va de son honneur
De partir tard. Il broute, il se repose,
Il s'amuse à toute autre chose
Qu'à la gageure. À la fin quand il vit
Que l'autre touchait presque au bout de la carrière,
Il partit comme un trait ; mais les élans qu'il fit
Furent vains : la tortue arriva la première.
Hé bien ! lui cria-t-elle, avais-je pas raison ?
De quoi vous sert votre vitesse ?
Moi, l'emporter ! Et que serait-ce
Si vous portiez une maison ?

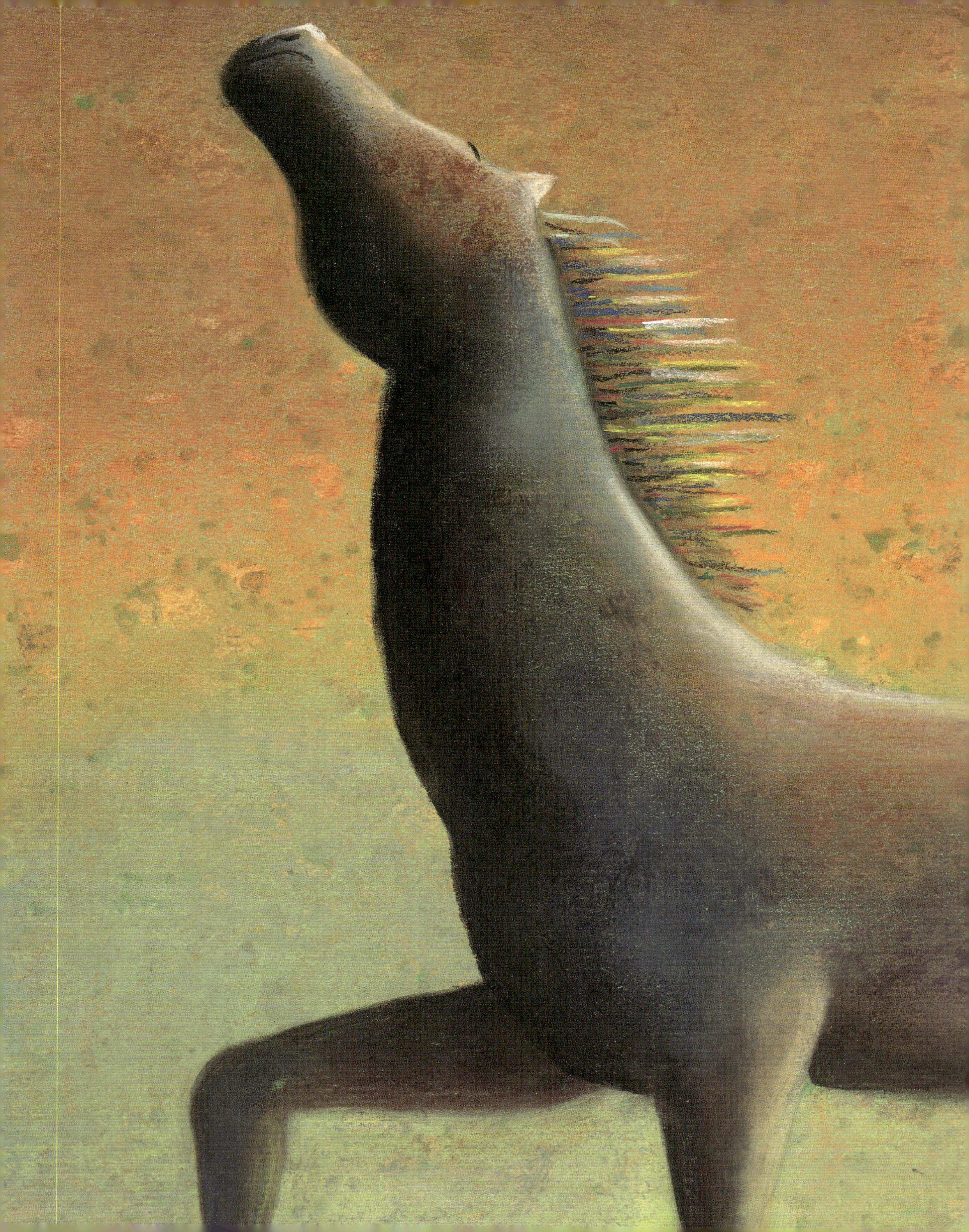

Le cheval et l'âne

En ce monde il se faut l'un l'autre secourir.
Si ton voisin vient à mourir,
C'est sur toi que le fardeau tombe.
Un âne accompagnait un cheval peu courtois,
Celui-ci ne portant que son simple harnois,
Et le pauvre baudet si chargé qu'il succombe.
Il pria le cheval de l'aider quelque peu :
Autrement il mourrait devant qu'être à la ville.
La prière, dit-il, n'en est pas incivile :
Moitié de ce fardeau ne vous sera que jeu.
Le cheval refusa, fit une pétarade :
Tant qu'il vit sous le faix mourir son camarade,
Et reconnut qu'il avait tort.
Du baudet, en cette aventure,
On lui fit porter la voiture,
Et la peau par-dessus encor.

Les animaux malades de la peste

Un mal qui répand la terreur,
Mal que le ciel en sa fureur
Inventa pour punir les crimes de la terre,
La peste (puisqu'il faut l'appeler par son nom)
Capable d'enrichir en un jour l'Achéron,
Faisait aux animaux la guerre.
Ils ne mouraient pas tous, mais tous étaient frappés :
On n'en voyait point d'occupés
À chercher le soutien d'une mourante vie ;
Nul mets n'excitait leur envie ;
Ni loups ni renards n'épiaient
La douce et innocente proie.
Les tourterelles se fuyaient :
Plus d'amour, partant plus de joie.
Le lion tint conseil, et dit : Mes chers amis,
Je crois que le ciel a permis

Pour nos péchés cette infortune ;
Que le plus coupable de nous
Se sacrifie aux traits du céleste courroux,
Peut-être il obtiendra la guérison commune.
L'histoire nous apprend qu'en de tels accidents
On fait de pareils dévouements.
Ne nous flattons donc point, voyons sans indulgence
L'état de notre conscience.
Pour moi, satisfaisant mes appétits gloutons
J'ai dévoré force moutons.
Que m'avaient-ils fait ? Nulle offense :
Même il m'est arrivé quelquefois de manger
Le berger.
Je me dévouerai donc, s'il le faut ; mais je pense
Qu'il est bon que chacun s'accuse ainsi que moi :
Car on doit souhaiter selon toute justice
Que le plus coupable périsse.
– Sire, dit le renard, vous êtes trop bon roi ;
Vos scrupules font voir trop de délicatesse ;
Eh bien, manger moutons, canaille, sotte espèce,
Est-ce un péché ? Non, non. Vous leur fîtes Seigneur
En les croquant beaucoup d'honneur.
Et quant au berger l'on peut dire
Qu'il était digne de tous maux,
Étant de ces gens-là qui sur les animaux
Se font un chimérique empire.
Ainsi dit le renard, et flatteurs d'applaudir.
On n'osa trop approfondir
Du tigre, ni de l'ours, ni des autres puissances,
Les moins pardonnables offenses.
Tous les gens querelleurs, jusqu'aux simples mâtins,
Au dire de chacun étaient de petits saints.
L'âne vint à son tour et dit : J'ai souvenance
Qu'en un pré de moines passant,
La faim, l'occasion, l'herbe tendre et, je pense
Quelque diable aussi me poussant,
Je tondis de ce pré la largeur de ma langue.
Je n'en avais nul droit, puisqu'il faut parler net.
À ces mots on cria haro sur le baudet.
Un loup quelque peu clerc prouva par sa harangue
Qu'il fallait dévorer ce maudit animal,
Ce pelé, ce galeux, d'où venait tout le mal.
Sa peccadille fut jugée un cas pendable.
Manger l'herbe d'autrui ! Quel crime abominable !
Rien que la mort n'était capable
D'expier son forfait : on le lui fit bien voir.

Selon que vous serez puissant ou misérable,
Les jugements de cour vous rendront blanc ou noir.

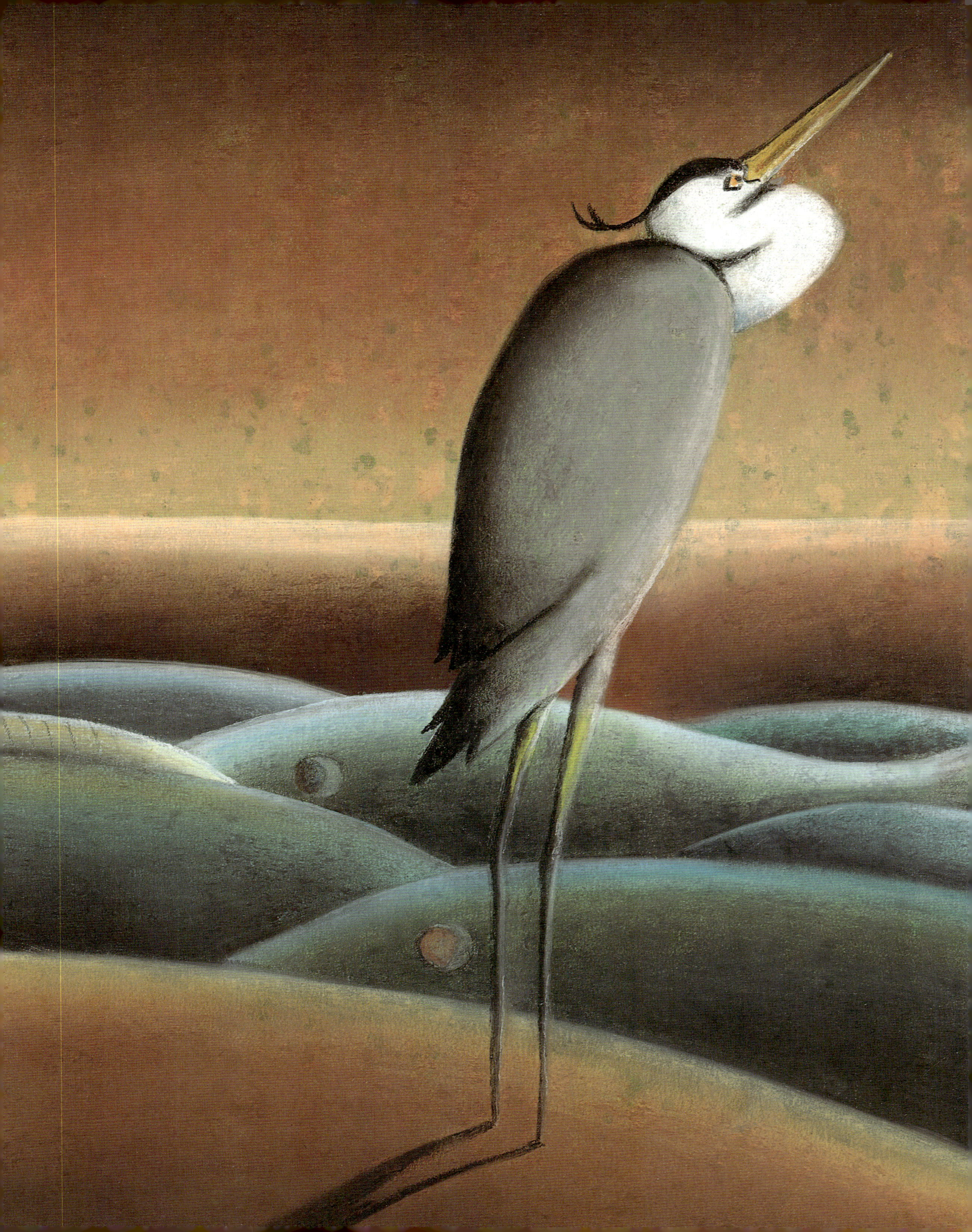

Le héron

Un jour, sur ses longs pieds, allait je ne sais où,
Le héron au long bec emmanché d'un long cou.
Il côtoyait une rivière.
L'onde était transparente ainsi qu'aux plus beaux jours ;
Ma commère la carpe y faisait mille tours
Avec le brochet son compère.
Le héron en eût fait aisément son profit :
Tous approchaient du bord, l'oiseau n'avait qu'à prendre ;
Mais il crut mieux faire d'attendre
Qu'il eût un peu plus d'appétit.
Il vivait de régime, et mangeait à ses heures.
Après quelques moments l'appétit vint : l'oiseau
S'approchant du bord vit sur l'eau
Des tanches qui sortaient du fond de ces demeures.
Le mets ne lui plut pas ; il s'attendait à mieux
Et montrait un goût dédaigneux
Comme le rat du bon Horace.
Moi des tanches ? dit-il, moi héron que je fasse
Une si pauvre chère ? Et pour qui me prend-on ?
La tanche rebutée il trouva du goujon.
Du goujon ! c'est bien là le dîner d'un héron !
J'ouvrirais pour si peu le bec ! aux dieux ne plaise !
Il l'ouvrit pour bien moins : tout alla de façon
Qu'il ne vit plus aucun poisson.
La faim le prit, il fut tout heureux et tout aise
De rencontrer un limaçon.
Ne soyons pas si difficiles :
Les plus accommodants ce sont les plus habiles :
On hasarde de perdre en voulant trop gagner.
Gardez-vous de rien dédaigner ;
Surtout quand vous avez à peu près votre compte.
Bien des gens y sont pris ; ce n'est pas aux hérons
Que je parle ; écoutez, humains, un autre conte ;
Vous verrez que chez vous j'ai puisé ces leçons.

Les deux coqs

Deux coqs vivaient en paix : une poule survint,
Et voilà la guerre allumée.
Amour, tu perdis Troie ; et c'est de toi que vint
Cette querelle envenimée,
Où du sang des dieux même on vit le Xanthe teint.
Longtemps entre nos coqs le combat se maintint :
Le bruit s'en répandit par tout le voisinage.
La gent qui porte crête au spectacle accourut.
Plus d'une Hélène au beau plumage
Fut le prix du vainqueur ; le vaincu disparut.
Il alla se cacher au fond de sa retraite,
Pleura sa gloire et ses amours,
Ses amours qu'un rival tout fier de sa défaite
Possédait à ses yeux. Il voyait tous les jours
Cet objet rallumer sa haine et son courage.
Il aiguisait son bec, battait l'air et ses flancs,
Et s'exerçant contre les vents
S'armait d'une jalouse rage.

Il n'en eut pas besoin. Son vainqueur sur les toits
S'alla percher, et chanter sa victoire.
Un vautour entendit sa voix :
Adieu les amours et la gloire.
Tout cet orgueil périt sous l'ongle du vautour.
Enfin, par un fatal retour
Son rival autour de la poule
S'en revint faire le coquet.
Je laisse à penser quel caquet,
Car il eut des femmes en foule.

La fortune se plaît à faire de ces coups ;
Tout vainqueur insolent à sa perte travaille.
Défions-nous du sort, et prenons garde à nous
Après le gain d'une bataille.

Le chat, la belette et le petit lapin

Du palais d'un jeune lapin
Dame belette un beau matin
S'empara ; c'est une rusée.
Le maître étant absent, ce lui fut chose aisée.
Elle porta chez lui ses pénates, un jour
Qu'il était allé faire à l'aurore sa cour,
Parmi le thym et la rosée.
Après qu'il eut brouté, trotté, fait tous ses tours,
Janot Lapin retourne aux souterrains séjours.
La belette avait mis le nez à la fenêtre.
Ô dieux hospitaliers, que vois-je ici paraître ?
Dit l'animal chassé du paternel logis :
O là, Madame la belette,
Que l'on déloge sans trompette,
Ou je vais avertir tous les rats du pays.
La dame au nez pointu répondit que la terre
Était au premier occupant.
C'était un beau sujet de guerre
Qu'un logis où lui-même il n'entrait qu'en rampant.
Et quand ce serait un royaume
Je voudrais bien savoir, dit-elle, quelle loi
En a pour toujours fait l'octroi
À Jean, fils ou neveu de Pierre ou de Guillaume,
Plutôt qu'à Paul, plutôt qu'à moi.
Jean Lapin allégua la coutume et l'usage.
Ce sont, dit-il, leurs lois qui m'ont de ce logis
Rendu maître et seigneur, et qui de père en fils,
L'ont de Pierre à Simon, puis à moi Jean, transmis.
Le premier occupant, est-ce une loi plus sage ?
– Or bien sans crier davantage,
Rapportons-nous, dit-elle, à Raminagrobis.
C'était un chat vivant comme un dévot ermite,
Un chat faisant la chattemite,
Un saint homme de chat, bien fourré, gros et gras,
Arbitre expert sur tous les cas.
Jean Lapin pour juge l'agrée.
Les voilà tous deux arrivés
Devant sa majesté fourrée.
Grippeminaud leur dit : Mes enfants, approchez,
Approchez, je suis sourd, les ans en sont la cause.
L'un et l'autre approcha ne craignant nulle chose.
Aussitôt qu'à portée il vit les contestants,
Grippeminaud le bon apôtre
Jetant des deux côtés la griffe en même temps,
Mit les plaideurs d'accord en croquant l'un et l'autre.

Ceci ressemble fort aux débats qu'ont parfois
Les petits souverains se rapportant aux rois.

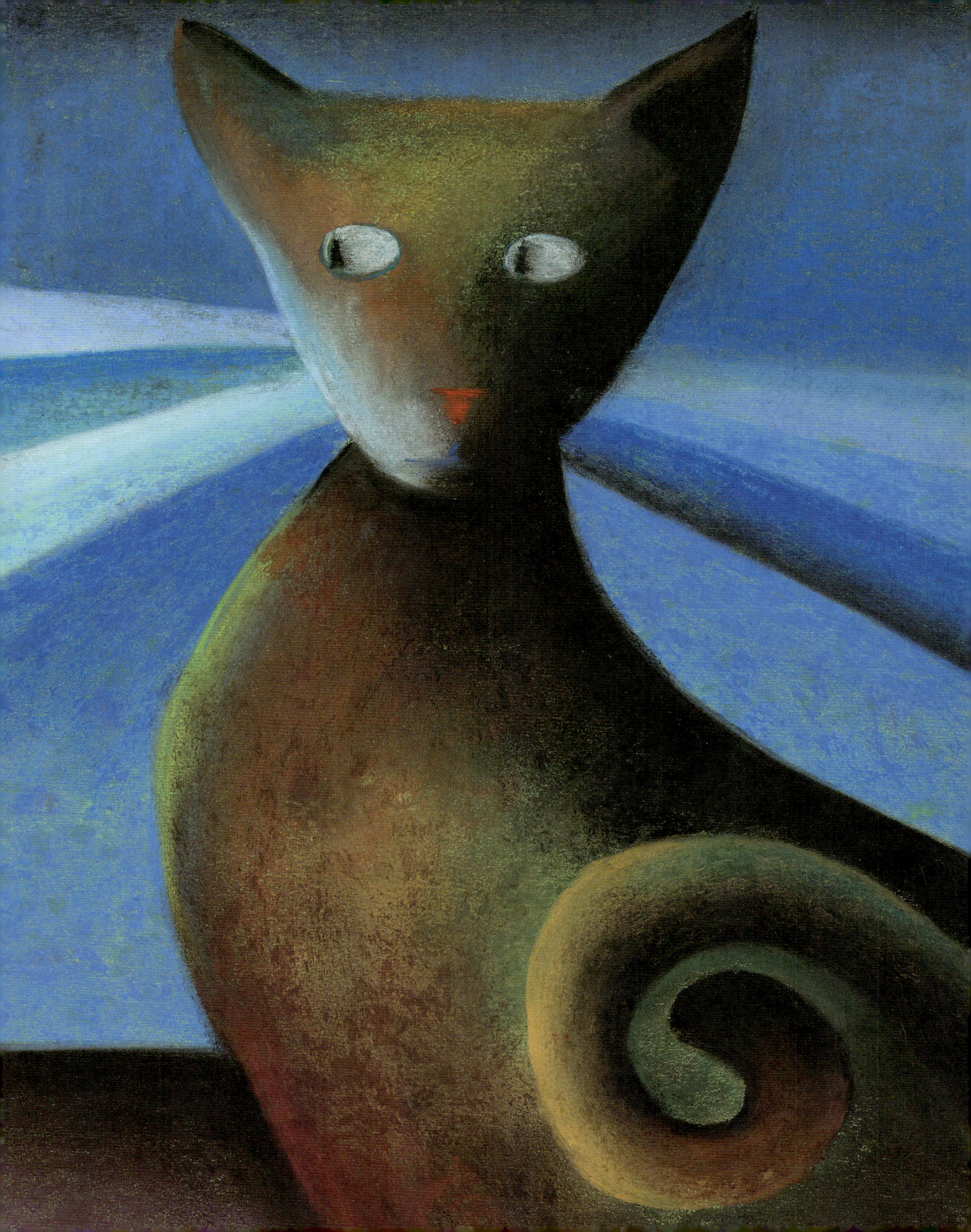

Les deux amis

Deux vrais amis vivaient au Monomotapa :
L'un ne possédait rien qui n'appartînt à l'autre :
Les amis de ce pays-là
Valent bien, dit-on, ceux du nôtre.
Une nuit que chacun s'occupait au sommeil,
Et mettait à profit l'absence de soleil,
Un de nos deux amis sort du lit en alarme :
Il court chez son intime, éveille les valets :
Morphée avait touché le seuil de ce palais.
L'ami couché s'étonne, il prend sa bourse, il s'arme ;
Vient trouver l'autre et dit : Il vous arrive peu
De courir quand on dort ; vous me paraissiez homme
À mieux user du temps destiné pour le somme :
N'auriez-vous point perdu tout votre argent au jeu ?
En voici. S'il vous est venu quelque querelle,
J'ai mon épée, allons. Vous ennuyez-vous point
De coucher toujours seul ? Une esclave assez belle
Était à mes côtés : voulez-vous qu'on l'appelle ?
– Non, dit l'ami, ce n'est ni l'un ni l'autre point :
Je vous rends grâce de ce zèle.
Vous m'êtes en dormant un peu triste apparu ;
J'ai craint qu'il ne fût vrai, je suis vite accouru.
Ce maudit songe en est la cause.

Qui d'eux aimait le mieux ? Que t'en semble, lecteur ?
Cette difficulté vaut bien qu'on la propose.
Qu'un ami véritable est une douce chose.
Il cherche vos besoins au fond de votre coeur ;
Il vous épargne la pudeur
De les lui découvrir vous-même.
Un songe, un rien, tout lui fait peur
Quand il s'agit de ce qu'il aime.

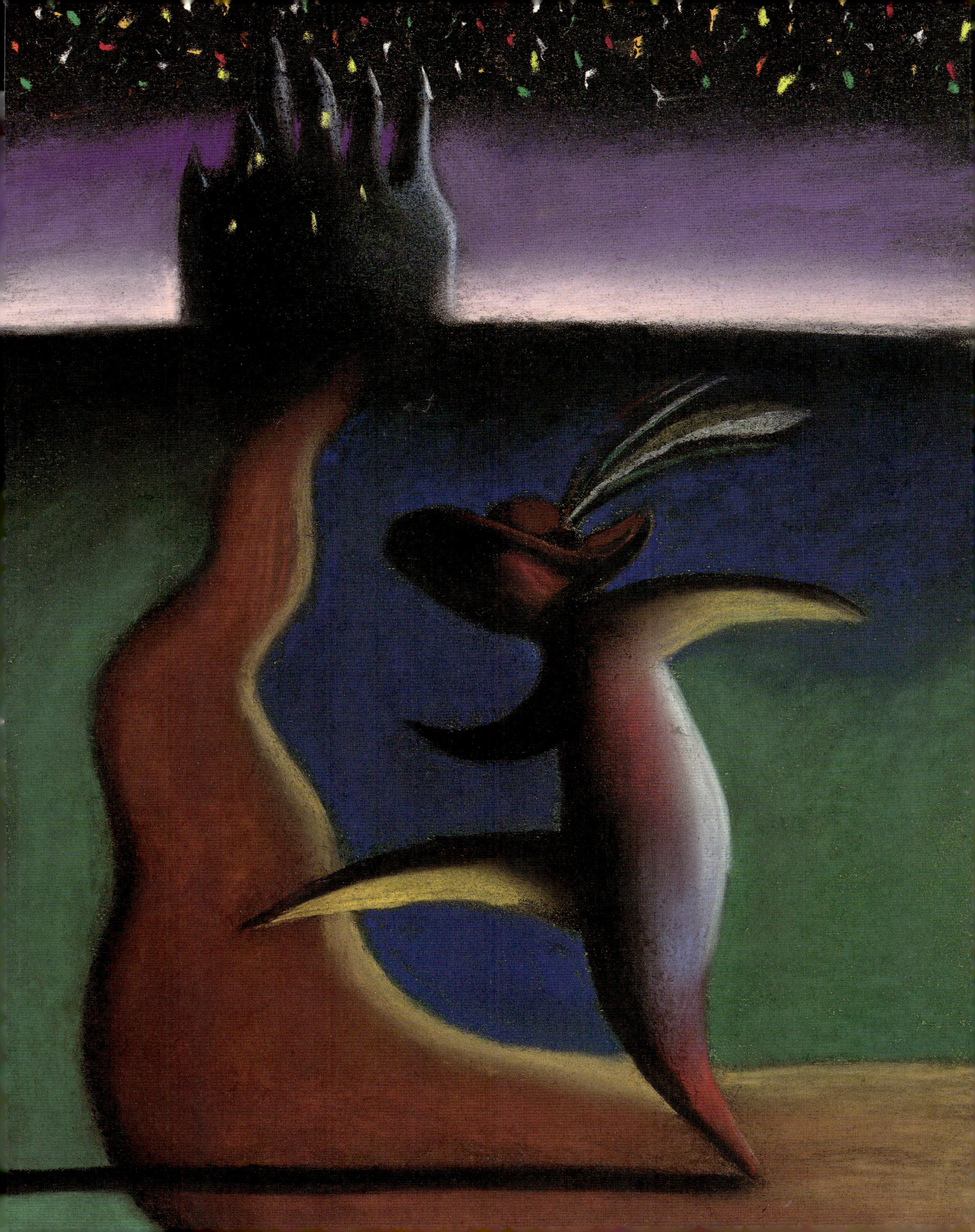

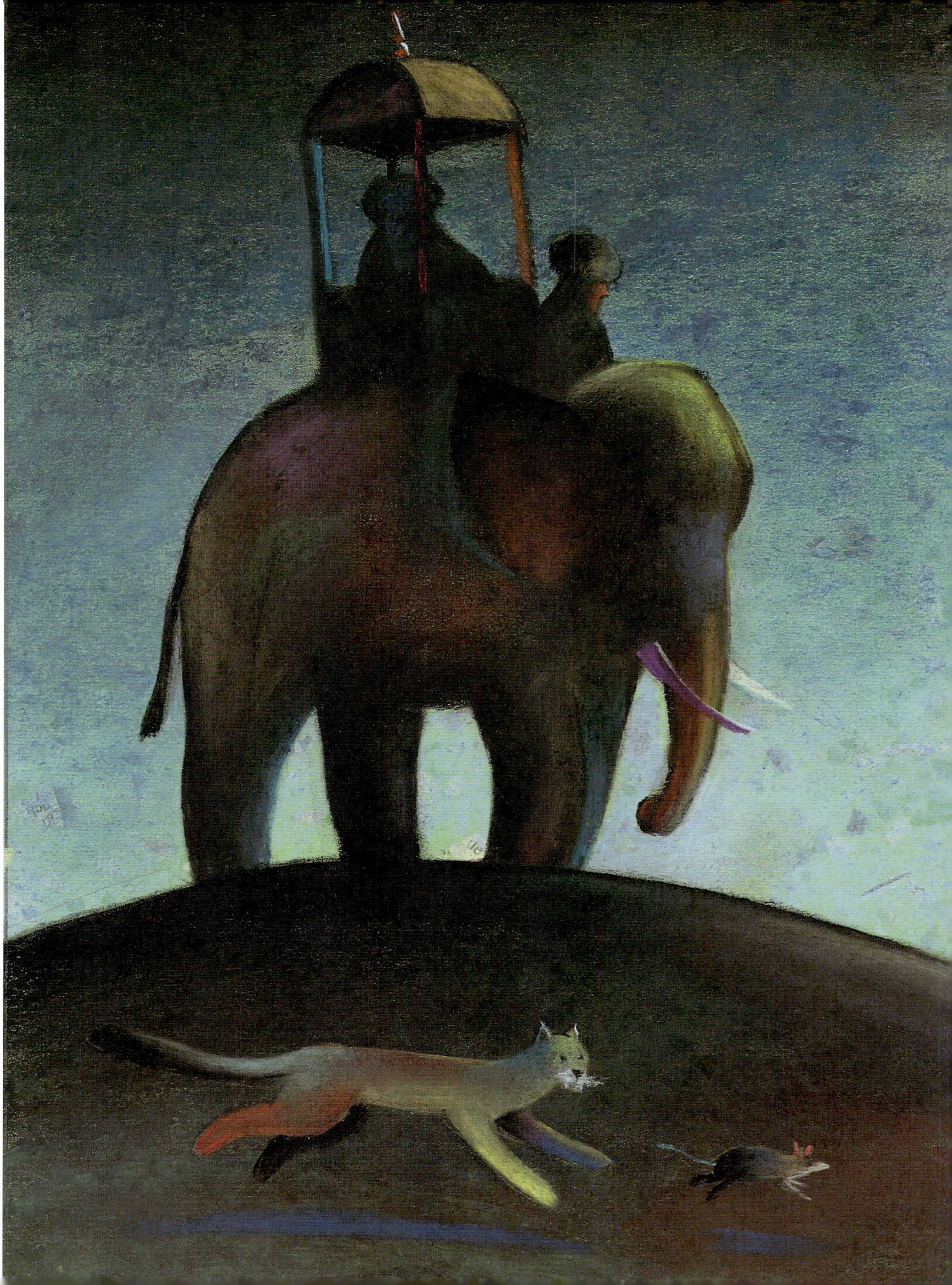

Le rat et l'éléphant

Se croire un personnage est fort commun en France.
On y fait l'homme d'importance,
Et l'on n'est souvent qu'un bourgeois :
C'est proprement le mal françois.
La sotte vanité nous est particulière.
Les Espagnols sont vains, mais d'une autre manière.
Leur orgueil me semble en un mot
Beaucoup plus fou, mais pas si sot.
Donnons quelque image du nôtre
Qui sans doute en vaut bien un autre.

Un rat des plus petits voyait un éléphant
Des plus gros, et raillait le marcher un peu lent
De la bête de haut parage,
Qui marchait à gros équipage.
Sur l'animal à triple étage
Une sultane de renom,
Son chien, son chat et sa guenon,
Son perroquet, sa vieille, et toute sa maison,
S'en allait en pèlerinage.
Le rat s'étonnait que les gens
Fussent touchés de voir cette pesante masse :
Comme si d'occuper ou plus ou moins de place
Nous rendait, disait-il, plus ou moins importants.
Mais qu'admirez-vous tant en lui vous autres hommes ?
Serait-ce ce grand corps qui fait peur aux enfants ?
Nous ne nous prisons pas, tout petits que nous sommes,
D'un grain moins que les éléphants.
Il en aurait dit davantage ;
Mais le chat sortant de sa cage,
Lui fit voir en moins d'un instant
Qu'un rat n'est pas un éléphant.

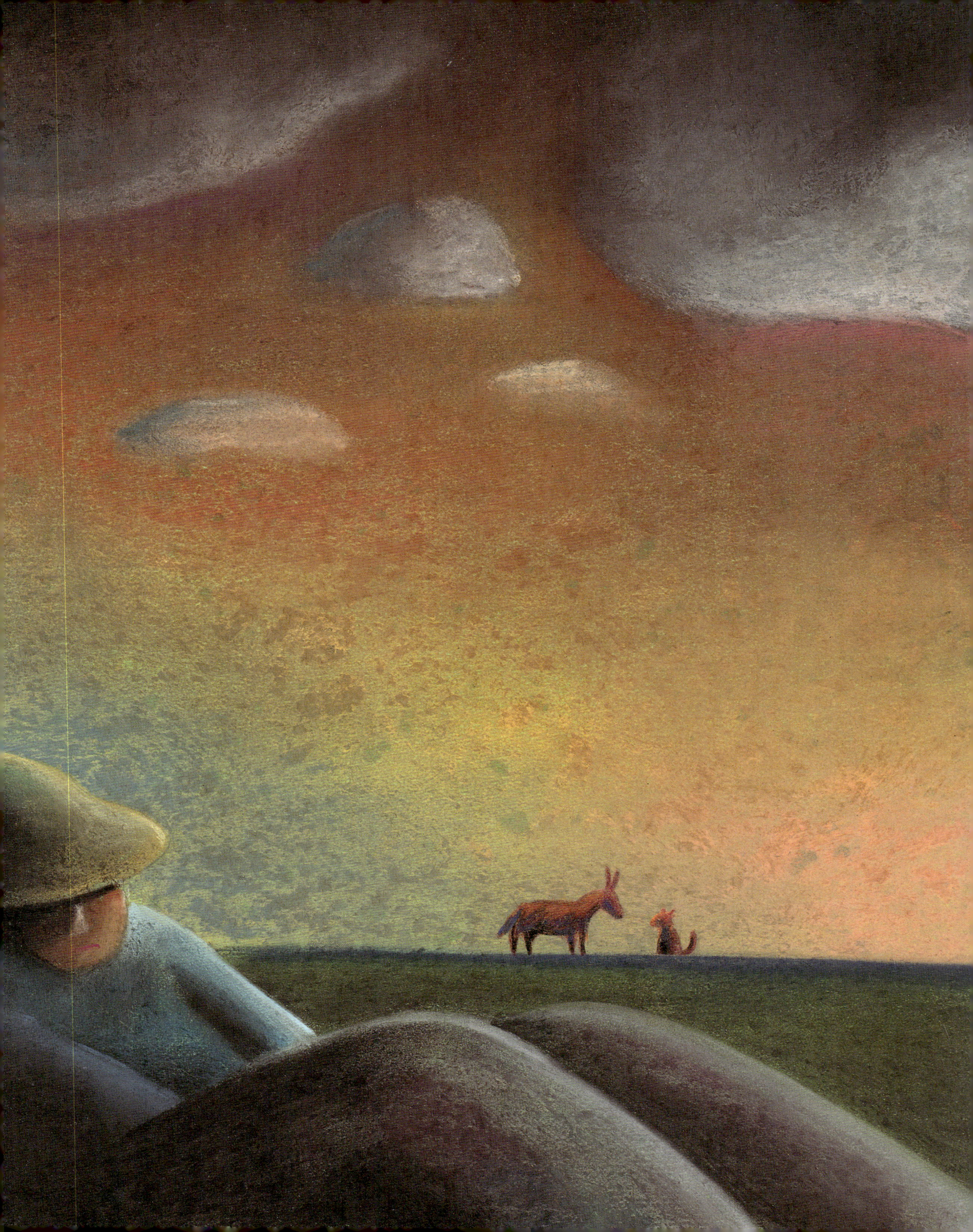

L'âne et le chien

Il se faut entr'aider, c'est la loi de nature :
L'âne un jour pourtant s'en moqua :
Et ne sais comme il y manqua ;
Car il est bonne créature.
Il allait par pays accompagné du chien,
Gravement, sans songer à rien,
Tous deux suivis d'un commun maître.
Ce maître s'endormit : l'âne se mit à paître :
Il était alors dans un pré,
Dont l'herbe était fort à son gré.
Point de chardons pourtant ; il s'en passa pour l'heure :
Il ne faut pas toujours être si délicat ;
Et faute de servir ce plat
Rarement un festin demeure.
Notre baudet s'en sut enfin
Passer pour cette fois. Le chien, mourant de faim
Lui dit : Cher compagnon, baisse-toi, je te prie ;
Je prendrai mon dîné dans le panier au pain.
Point de réponse, mot ; le roussin d'Arcadie
Craignit qu'en perdant un moment,
Il ne perdît un coup de dents.
Il fit longtemps la sourde oreille :
Enfin il répondit : Ami, je te conseille
D'attendre que ton maître ait fini son sommeil ;
Car il te donnera sans faute à son réveil,
Ta portion accoutumée.
Il ne saurait tarder beaucoup.
Sur ces entrefaites un loup
Sort du bois, et s'en vient ; autre bête affamée.
L'âne appelle aussitôt le chien à son secours.
Le chien ne bouge, et dit : Ami, je te conseille
De fuir, en attendant que ton maître s'éveille ;
Il ne saurait tarder ; détale vite et cours.
Que si ce loup t'atteint, casse-lui la mâchoire.
On t'a ferré de neuf ; et si tu me veux croire,
Tu l'étendras tout plat. Pendant ce beau discours,
Seigneur loup étrangla le baudet sans remède.

Je conclus qu'il faut qu'on s'entr'aide.

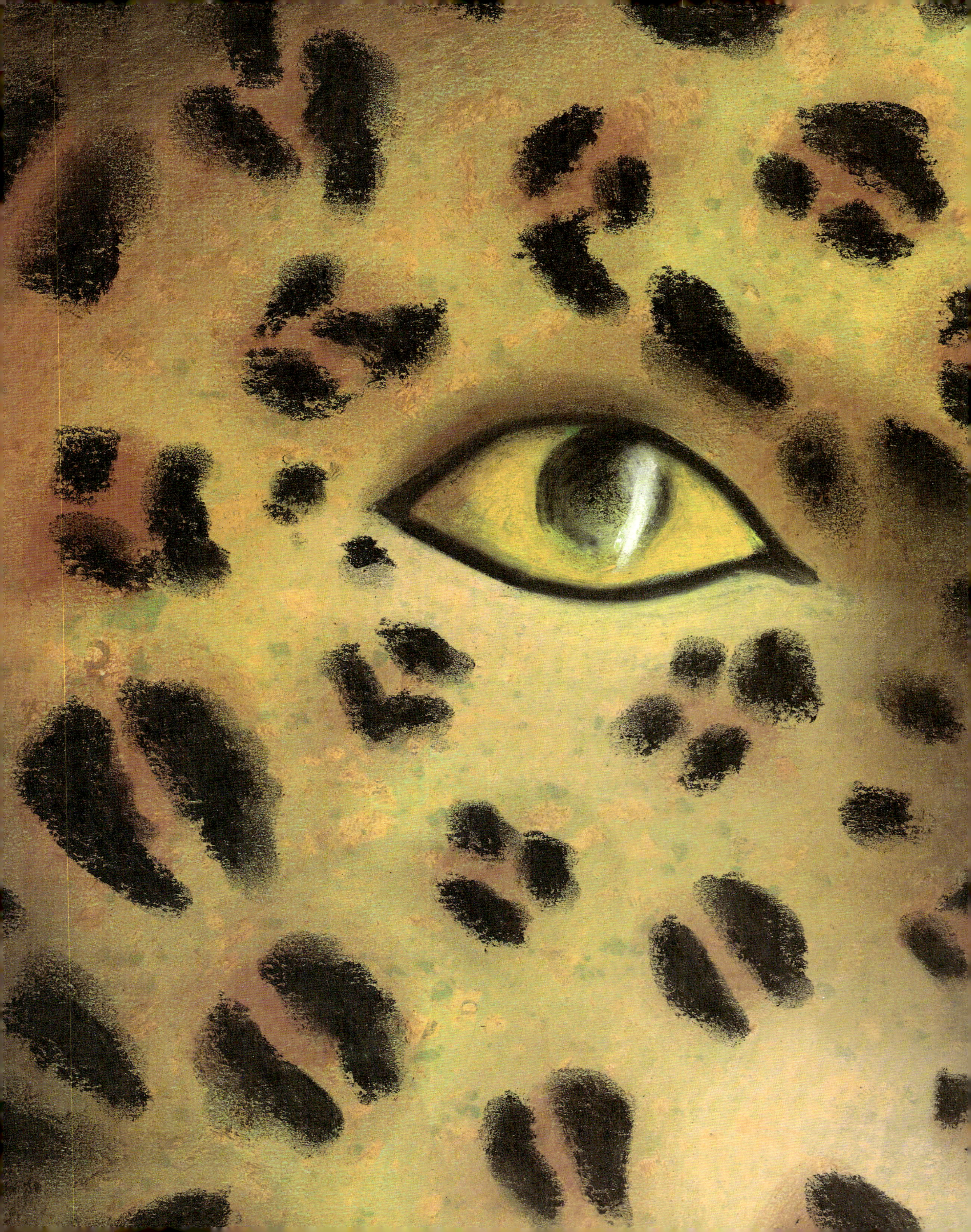

Le singe et le léopard

Le singe avec le léopard
Gagnaient de l'argent à la foire :
Ils affichaient chacun à part.
L'un d'eux disait : Messieurs, mon mérite et ma gloire
Sont connus en bon lieu ; le roi m'a voulu voir ;
Et, si je meurs, il veut avoir
Un manchon de ma peau ; tant elle est bigarrée,
Pleine de taches, marquetée,
Et vergetée, et mouchetée.
La bigarrure plaît ; partant chacun le vit.
Mais ce fut bientôt fait, bientôt chacun sortit.
Le singe, de sa part, disait : Venez, de grâce,
Venez, Messieurs. Je fais cent tours de passe-passe.
Cette diversité dont on vous parle tant,
Mon voisin léopard l'a sur soi seulement ;
Moi, je l'ai dans l'esprit : votre serviteur Gille,
Cousin et gendre de Bertrand,
Singe du pape en son vivant,
Tout fraîchement en cette ville
Arrive en trois bateaux exprès pour vous parler ;
Car il parle, on l'entend ; il sait danser, baller,
Faire des tours de toute sorte,
Passer en des cerceaux ; et le tout pour six blancs !
Non, Messieurs, pour un sou ; si vous n'êtes contents,
Nous rendrons à chacun son argent à la porte.
Le singe avait raison : ce n'est pas sur l'habit
Que la diversité me plaît, c'est dans l'esprit :
L'une fournit toujours des choses agréables ;
L'autre, en moins d'un moment, lasse les regardants.
Oh ! Que de grands seigneurs, au léopard semblables,
N'ont que l'habit pour tous talents !

Le chat et le renard

Le chat et le renard, comme beaux petits saints,
S'en allaient en pèlerinage.
C'étaient deux vrais tartufs, deux archipatelins,
Deux francs patte-pelus qui, des frais du voyage,
Croquant mainte volaille, escroquant maint fromage,
S'indemnisaient à qui mieux mieux.
Le chemin était long, et partant, ennuyeux,
Pour l'accourcir ils disputèrent.
La dispute est d'un grand secours ;
Sans elle on dormirait toujours.
Nos pèlerins s'égosillèrent.
Ayant bien disputé, l'on parla du prochain.
Le renard au chat dit enfin :
Tu prétends être fort habile :
En sais-tu tant que moi ? J'ai cent ruses au sac.
– Non, dit l'autre : je n'ai qu'un tour dans mon bissac,
Mais je soutiens qu'il en vaut mille.
Eux de recommencer la dispute à l'envi,
Sur le que si, que non, tous deux étant ainsi,
Une meute apaisa la noise.
Le chat dit au renard : Fouille en ton sac, ami :
Cherche en ta cervelle matoise
Un stratagème sûr. Pour moi, voici le mien.
À ces mots, sur un arbre il grimpa bel et bien.
L'autre fit cent tours inutiles,
Entra dans cent terriers, mit cent fois en défaut
Tous les confrères de Brifaut.
Partout il tenta des asiles,
Et ce fut partout sans succès :
La fumée y pourvut, ainsi que les bassets.
Au sortir d'un terrier, deux chiens aux pieds agiles !
L'étranglèrent du premier bond.

Le trop d'expédients peut gâter une affaire ;
On perd du temps au choix, on tente, on veut tout faire.
N'en ayons qu'un, mais qu'il soit bon.

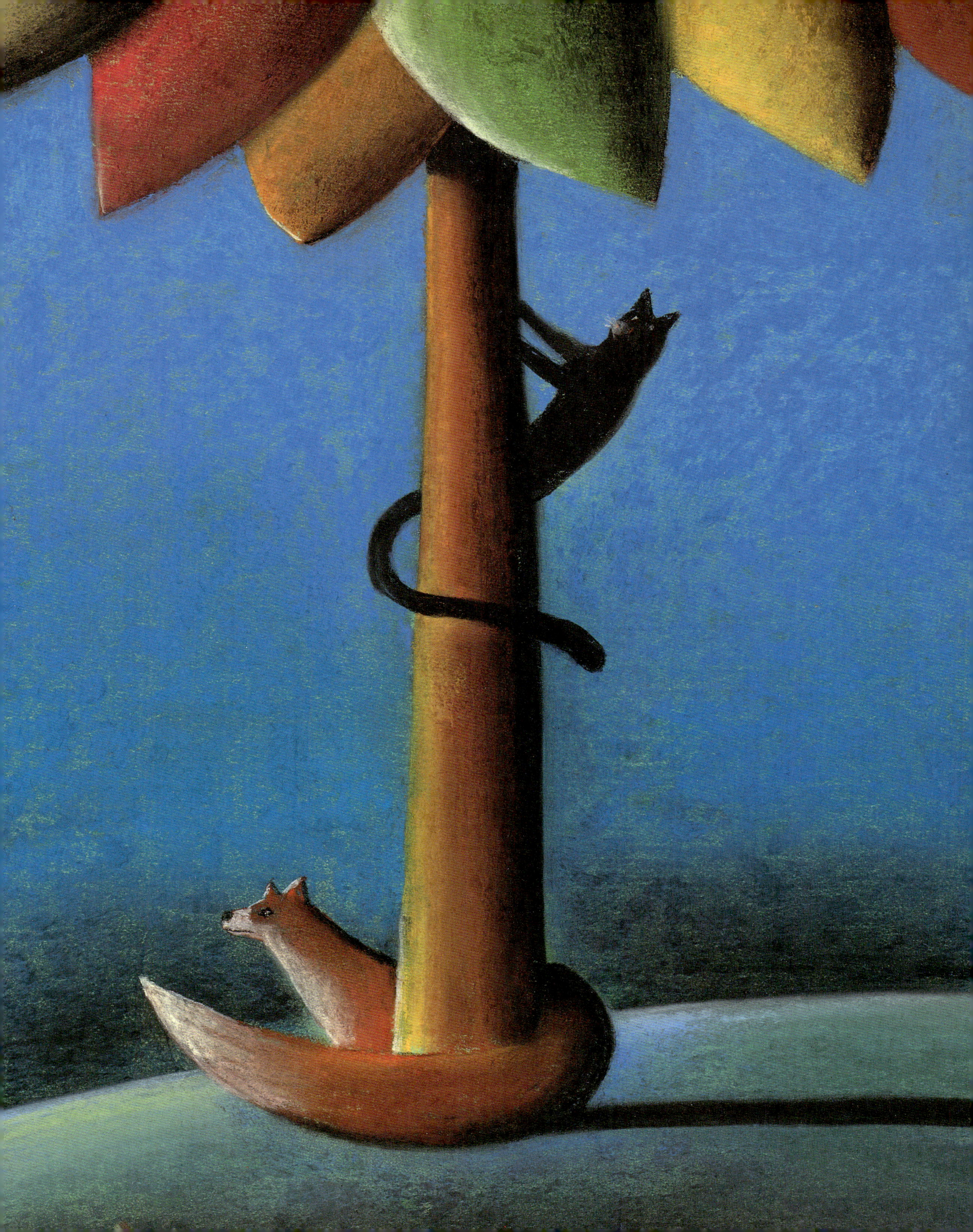

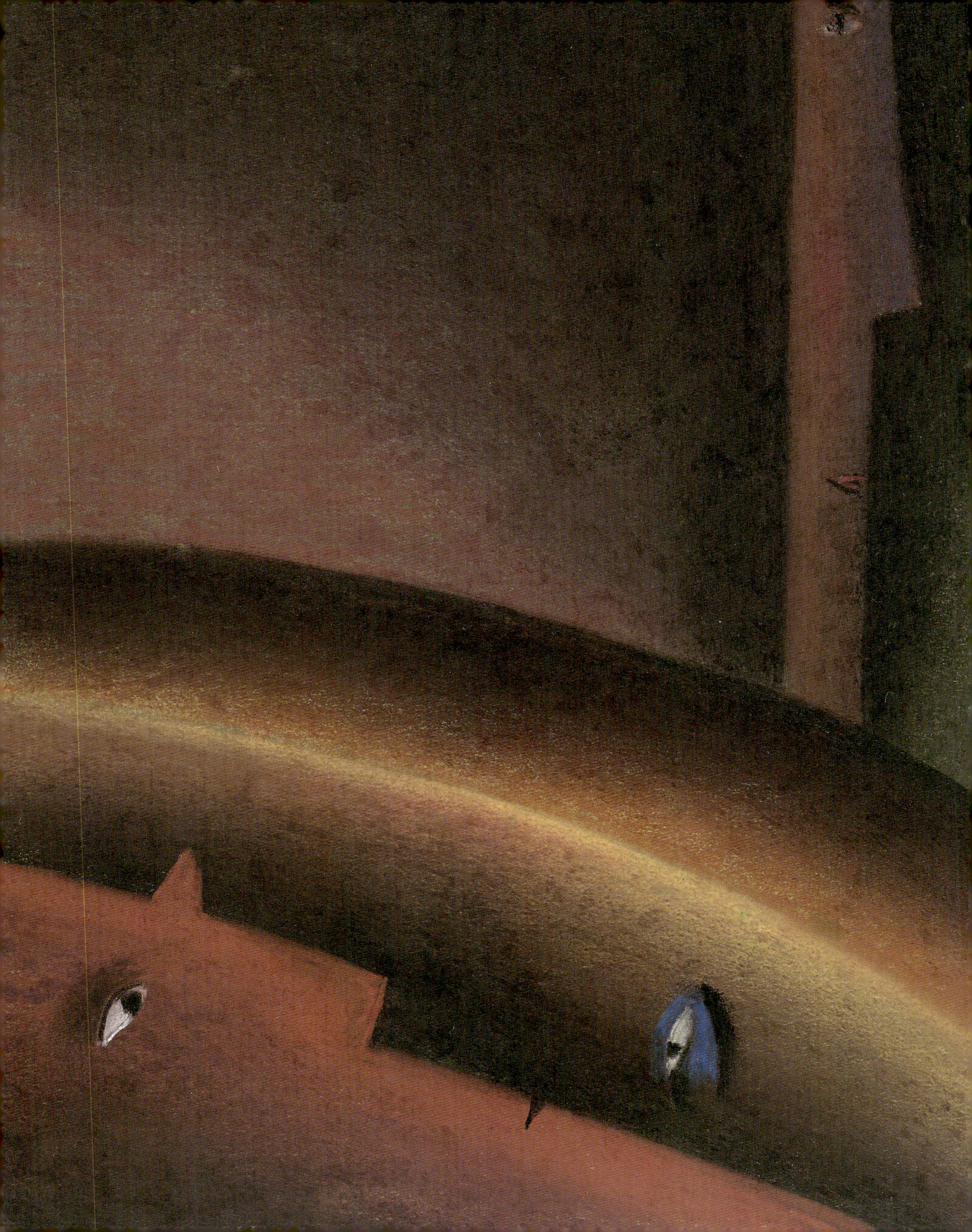

Le mari, la femme et le voleur

Un mari fort amoureux,
Fort amoureux de sa femme,
Bien qu'il fût jouissant, se croyait malheureux.
Jamais oeillade de la dame,
Propos flatteur et gracieux,
Mot d'amitié, ni doux sourire,
Déifiant le pauvre sire,
N'avaient fait soupçonner qu'il fût vraiment chéri.
Je le crois, c'était un mari.
Il ne tint point à l'hyménée
Que, content de sa destinée
Il n'en remerciât les dieux ;
Mais quoi ? Si l'amour n'assaisonne
Les plaisirs que l'hymen nous donne,
Je ne vois pas qu'on en soit mieux.
Notre épouse étant donc de la sorte bâtie,
Et n'ayant caressé son mari de sa vie,
Il en faisait sa plainte une nuit. Un voleur
Interrompit la doléance.
La pauvre femme eut si grand'peur
Qu'elle chercha quelque assurance
Entre les bras de son époux.
Ami voleur, dit-il, sans toi ce bien si doux
Me serait inconnu. Prends donc en récompense
Tout ce qui peut chez nous être à ta bienséance ;
Prends le logis aussi. Les voleurs ne sont pas
Gens honteux, ni fort délicats :
Celui-ci fit sa main. J'infère de ce conte
Que la plus forte passion
C'est la peur : elle fait vaincre l'aversion,
Et l'amour quelquefois ; quelquefois il la dompte ;
J'en ai pour preuve cet amant
Qui brûla sa maison pour embrasser sa dame,
L'emportant à travers la flamme.
J'aime assez cet emportement ;
Le conte m'en a plu toujours infiniment :
Il est bien d'une âme espagnole,
Et plus grande encore que folle.

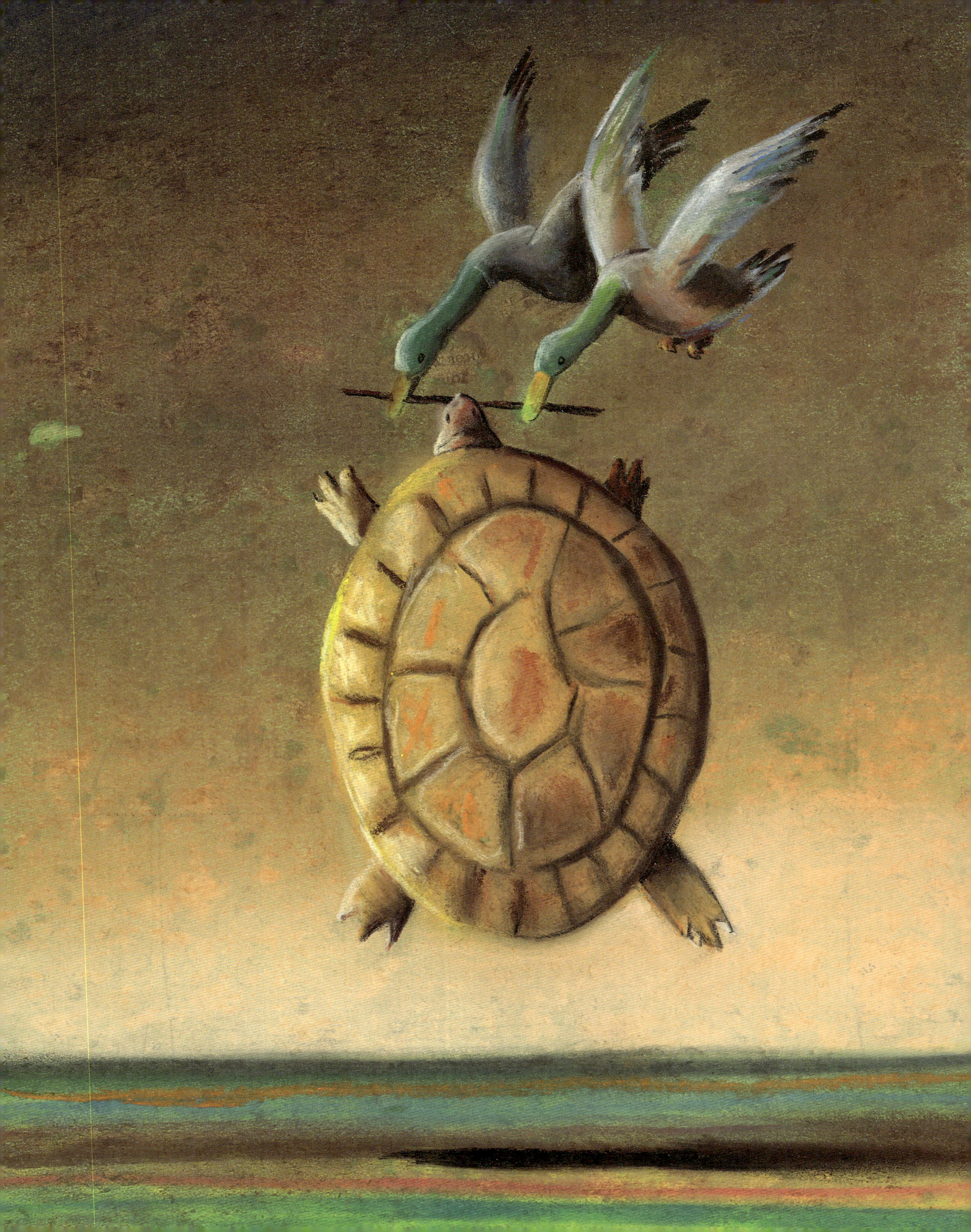

La tortue et les deux canards

Une tortue était, à la tête légère,
Qui, lasse de son trou, voulut voir le pays,
Volontiers on fait cas d'une terre étrangère :
Volontiers gens boiteux haïssent le logis.
Deux canards à qui la commère
Communiqua ce beau dessein,
Lui dirent qu'ils avaient de quoi la satisfaire :
Voyez-vous ce large chemin ?
Nous vous voiturerons par l'air, en Amérique,
Vous verrez mainte république,
Maint royaume, maint peuple, et vous profiterez
Des différentes mœurs que vous remarquerez.
Ulysse en fit autant. On ne s'attendait guère
De voir Ulysse en cette affaire.
La tortue écouta la proposition.
Marché fait, les oiseaux forgent une machine
Pour transporter la pèlerine.
Dans la gueule en travers on lui passe un bâton.
Serrez bien, dirent-ils ; gardez de lâcher prise.
Puis chaque canard prend ce bâton par un bout.
La tortue enlevée on s'étonne partout
De voir aller en cette guise
L'animal lent et sa maison,
Justement au milieu de l'un et l'autre oison.
Miracle, criait-on. Venez voir dans les nues
Passer la reine des tortues.
– La reine. Vraiment oui. Je la suis en effet ;
Ne vous en moquez point. Elle eût beaucoup mieux fait
De passer son chemin sans dire aucune chose ;
Car lâchant le bâton en desserrant les dents,
Elle tombe, elle crève aux pieds des regardants.
Son indiscrétion de sa perte fut cause.

Imprudence, babil, et sotte vanité,
Et vaine curiosité,
Ont ensemble étroit parentage.
Ce sont enfants tous d'un lignage.

Les poissons et le berger qui joue de la flûte

Tircis, qui pour la seule Annette

Faisait résonner les accords

D'une voix et d'une musette

Capables de toucher les morts,

Chantait un jour le long des bords

D'une onde arrosant les prairies,

Dont Zéphire habitait les campagnes fleuries.

Annette cependant à la ligne pêchait ;

Mais nul poisson ne s'approchait.

La bergère perdait ses peines.

Le berger qui, par ses chansons,

Eût attiré des inhumaines,

Crut, et crut mal, attirer des poissons.

Il leur chanta ceci : Citoyens de cette onde,

Laissez votre Naïade en sa grotte profonde ;

Venez voir un objet mille fois plus charmant.

Ne craignez point d'entrer aux prisons de la belle :

Ce n'est qu'à nous qu'elle est cruelle.

Vous serez traités doucement,

On n'en veut point à votre vie :

Un vivier vous attend, plus clair que fin cristal.

Et, quand à quelques-uns l'appât serait fatal,

Mourir des mains d'Annette est un sort que j'envie.

Ce discours éloquent ne fit pas grand effet :

L'auditoire était sourd, aussi bien que muet.

Tircis eut beau prêcher : ses paroles miellées

S'en étant aux vents envolées,

Il tendit un long rets. Voilà les poissons pris,

Voilà les poissons mis aux pieds de la bergère.

Ô vous, pasteurs d'humains et non pas de brebis,

Rois, qui croyez gagner par raisons les esprits

D'une multitude étrangère,

Ce n'est jamais par là que l'on en vient à bout ;

Il y faut une autre manière :

Servez-vous de vos rets, la puissance fait tout.

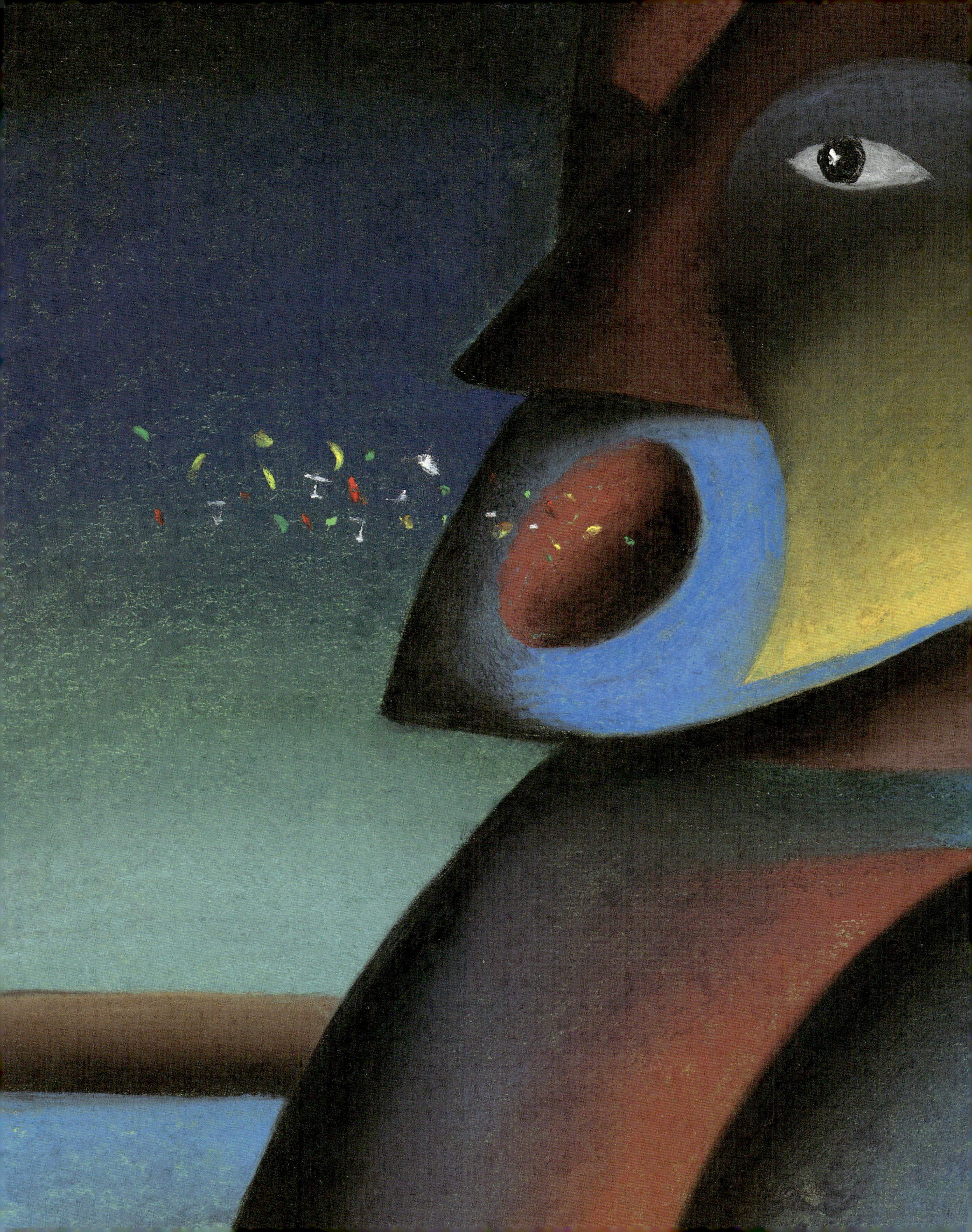

Le chat et les deux moineaux

À Monseigneur le Duc de Bourgogne

Un chat contemporain d'un fort jeune moineau
Fut logé près de lui dès l'âge du berceau ;
La cage et le panier avaient mêmes pénates.
Le chat était souvent agacé par l'oiseau :
L'un s'escrimait du bec, l'autre jouait des pattes.
Ce dernier toutefois épargnait son ami.
Ne le corrigeant qu'à demi
Il se fût fait un grand scrupule
D'armer de pointes sa férule.
Le passereau, moins circonspect
Lui donnait force coups de bec.
En sage et discrète personne,
Maître chat excusait ces jeux :
Entre amis, il ne faut jamais qu'on s'abandonne
Aux traits d'un courroux sérieux.
Comme ils se connaissaient tous deux dès leur bas âge,
Une longue habitude en paix les maintenait ;
Jamais en vrai combat le jeu ne se tournait ;
Quand un moineau du voisinage
S'en vint les visiter, et se fit compagnon
Du pétulant Pierrot et du sage Raton.

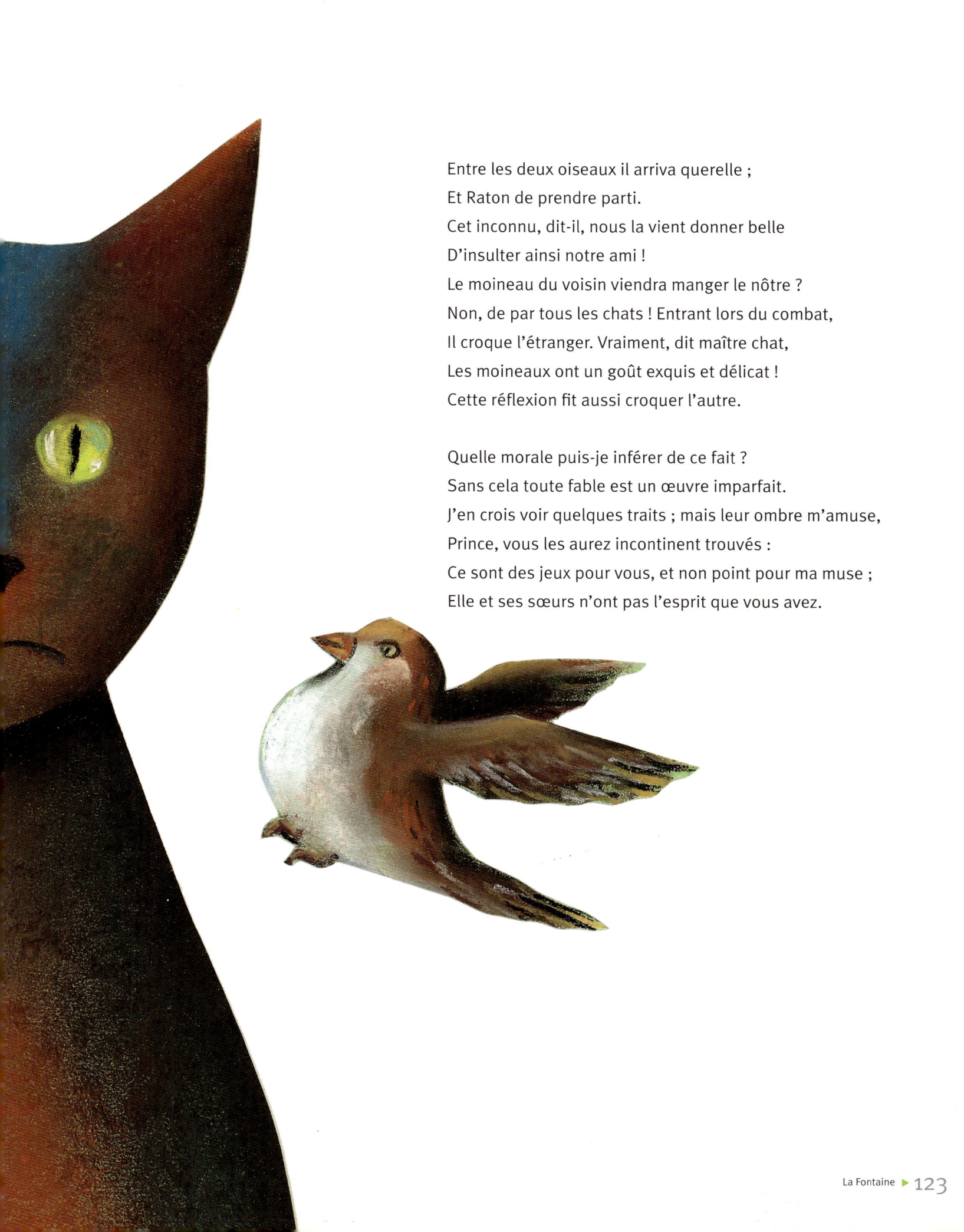

Entre les deux oiseaux il arriva querelle ;
Et Raton de prendre parti.
Cet inconnu, dit-il, nous la vient donner belle
D'insulter ainsi notre ami !
Le moineau du voisin viendra manger le nôtre ?
Non, de par tous les chats ! Entrant lors du combat,
Il croque l'étranger. Vraiment, dit maître chat,
Les moineaux ont un goût exquis et délicat !
Cette réflexion fit aussi croquer l'autre.

Quelle morale puis-je inférer de ce fait ?
Sans cela toute fable est un œuvre imparfait.
J'en crois voir quelques traits ; mais leur ombre m'amuse,
Prince, vous les aurez incontinent trouvés :
Ce sont des jeux pour vous, et non point pour ma muse ;
Elle et ses sœurs n'ont pas l'esprit que vous avez.

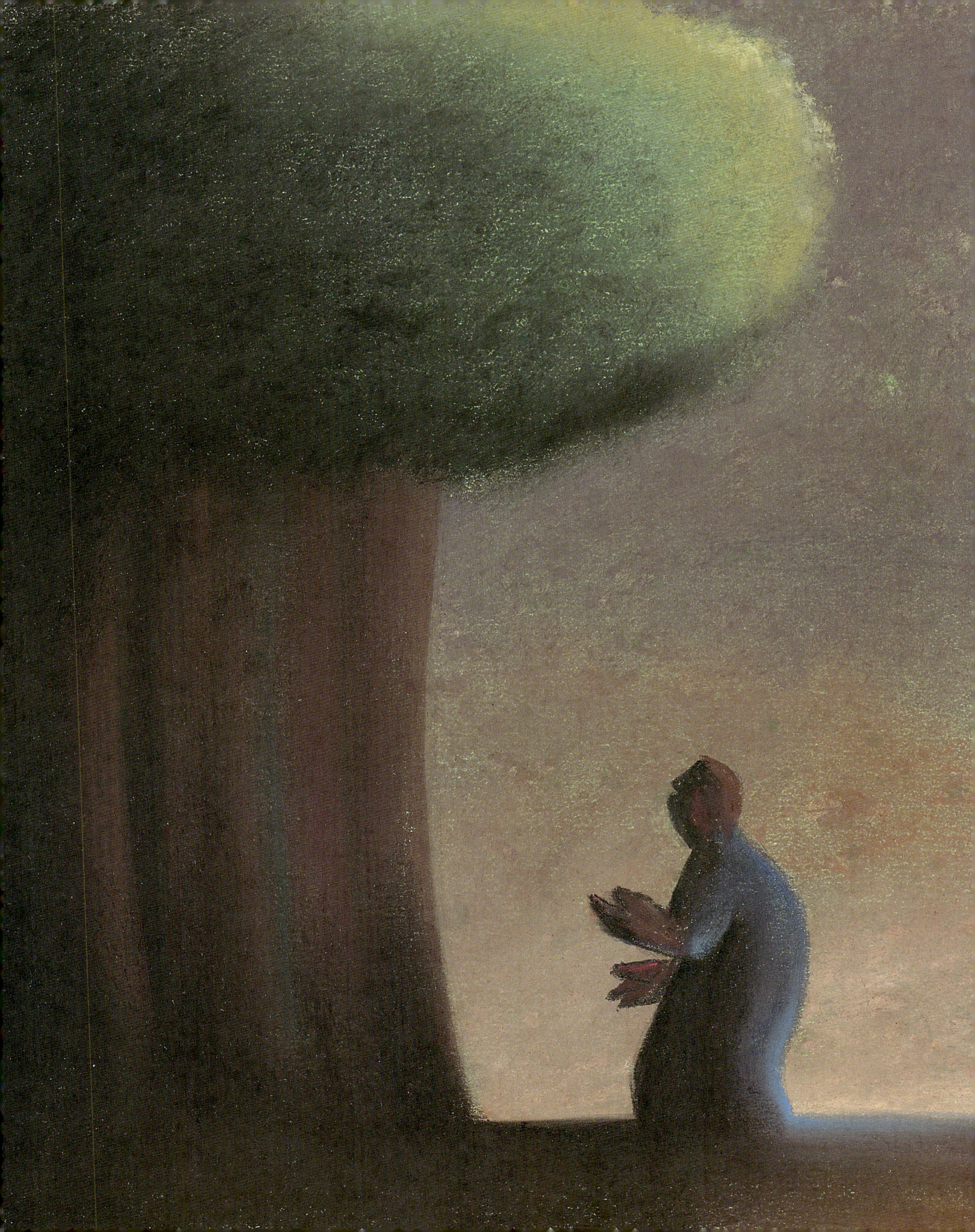

La forêt et le bûcheron

Un bûcheron venait de rompre ou d'égarer
Le bois dont il avait emmanché sa cognée.
Cette perte ne put sitôt se réparer
Que la forêt n'en fût quelque temps épargnée.
L'homme enfin la prie humblement
De lui laisser tout doucement
Emporter une unique branche,
Afin de faire un autre manche.
Il irait employer ailleurs son gagne-pain ;
Il laisserait debout maint chêne et maint sapin
Dont chacun respectait la vieillesse et les charmes.
L'innocente forêt lui fournit d'autres armes.
Elle en eut du regret. Il emmanche son fer.
Le misérable ne s'en sert
Qu'à dépouiller sa bienfaitrice
De ses principaux ornements.
Elle gémit à tous moments :
Son propre don fait son supplice.

Voilà le train du monde et de ses sectateurs :
On s'y sert du bienfait contre les bienfaiteurs.
Je suis las d'en parler. Mais que de doux ombrages
Soient exposés à ces outrages,
Qui ne se plaindrait là-dessus ?
Hélas ! j'ai beau crier et me rendre incommode :
L'ingratitude et les abus
N'en seront pas moins à la mode.

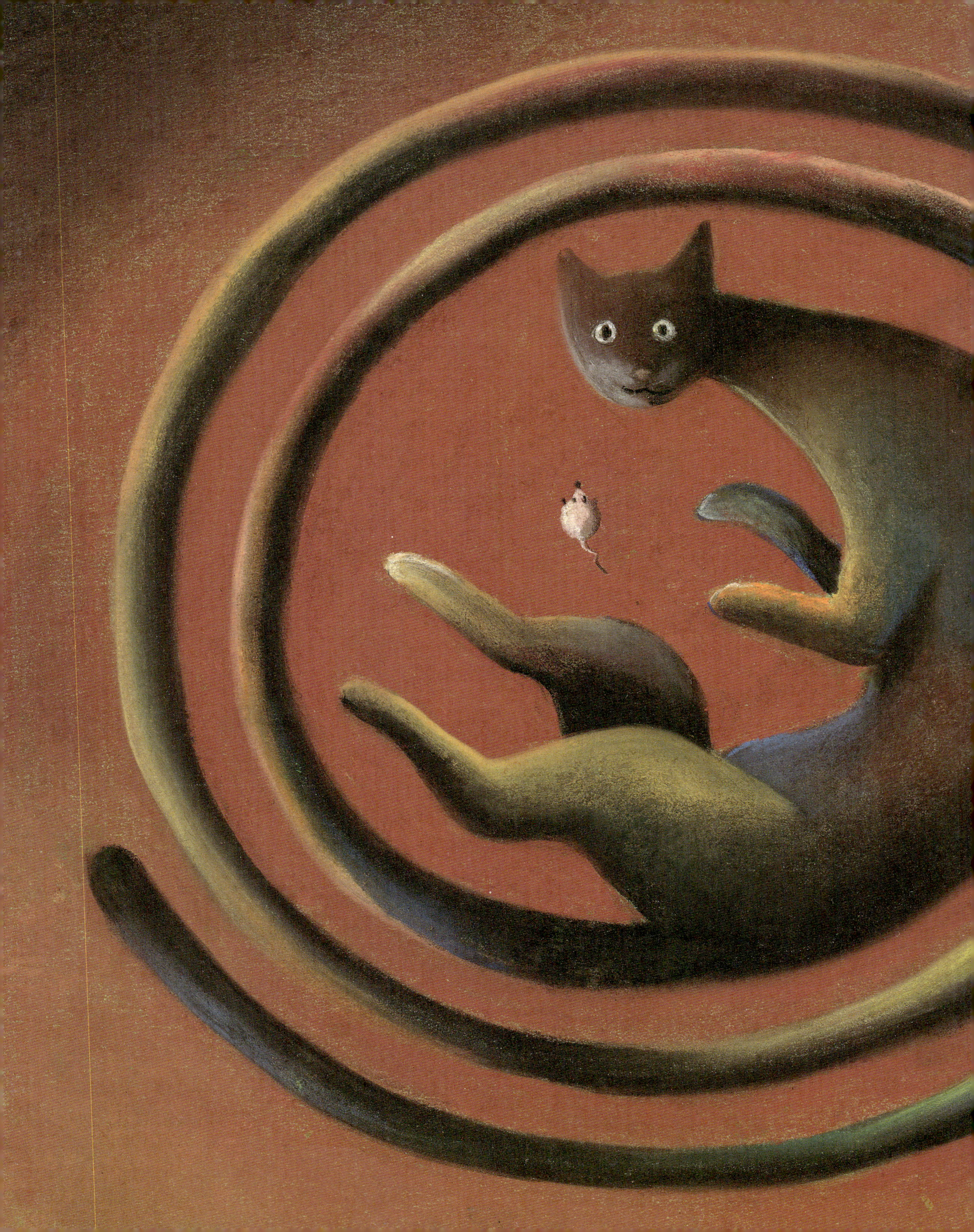

Le vieux chat et la jeune souris

Une jeune souris de peu d'expérience
Crut fléchir un vieux chat, implorant sa clémence,
Et payant de raisons le Raminagrobis :
Laissez-moi vivre : une souris
De ma taille et de ma dépense
Est-elle à charge en ce logis ?
Affamerais-je, à votre avis,
L'hôte et l'hôtesse, et tout leur monde ?
D'un grain de blé je me nourris ;
Une noix me rend toute ronde.
À présent je suis maigre ; attendez quelque temps.
Réservez ce repas à messieurs vos enfants.
Ainsi parlait au chat la souris attrapée.
L'autre lui dit : Tu t'es trompée.
Est-ce à moi que l'on tient de semblables discours ?
Tu gagnerais autant de parler à des sourds.
Chat, et vieux, pardonner ? Cela n'arrive guères.
Selon ces lois, descends là-bas,
Meurs, et va-t'en, tout de ce pas,
Haranguer les sœurs filandières.
Mes enfants trouveront assez d'autres repas.
Il tint parole ; et pour ma fable
Voici le sens moral qui peut y convenir :
La jeunesse se flatte et croit tout obtenir ;
La vieillesse est impitoyable.

Achevé d'imprimer en octobre 2007 sur les presses
de l'imprimerie Proost à Turnhout (Belgique).